JN197709

質問でPDCAは加速する

xDrive

ドライブ

荻野 純子

株式会社FCEトレーニング・カンパニー
xDriveエグゼクティブトレーナー

キングベアー出版

はじめに

「なんで、何度も教えてるのにできないの!? もっと自分で考えてよ!」

２０１１年3月中旬。まだ東日本大震災の余震が続く時期でした。

当時、地震の影響で壊滅状態になっていた会社のオフィスで、私は部下に向かって大声で怒鳴りました。部下は、持っていた資料を机に叩きつけ、こう言いました。

「荻野さんにはやっぱりついていけません！」

そして、泣きながら部屋を出ていったのです。


『目標があるんだから、もっと一生懸命やってよ！』

『なんで私以外、誰も必死で仕事しないの？』

『こんなに一生懸命教えても、指示をしても、うまくいかない』

『部下に教えたって、そもそもやる気もスキルも足りないのに。それを、マネジメントしろ、って言っても…！』

『結局、自分一人でやった方が早いのに』

その時期の私は、いつもそう思っていました。

「あれ…、ＰＤＣＡの本じゃないの？」

「そんな極端にストイックな仕事をしたいわけじゃないんだけど…」

そう思った方、もう少しだけお付き合いください。

当時の私は「ゲントレ」という「仕事の目標達成に向けて、ＰＤＣＡを回す支援をする〝現場でのトレーニング〟」のトレーナー（研修講師）をしていました。

クライアントの経営者からの要望はこういうものでした。

「荻野さん、**僕は社員に言うことを聞いてほしいわけじゃないんですよ。**

それよりも、目的目標の実現に向けて**自分で考えて行動、改善し、やり抜く力**を持ってほしい。それって、**自分でＰＤＣＡを回す力**だと思うんです。

でも、1日そこらの座学研修だけだと実務に活かせない社員もいるでしょう。

だから、できればうちの会社の、**実際の目標数値を追いながら、ＰＤＣＡを回せるようなトレーニング**をやってほしいんだけど、どうかな？」

私自身、負けず嫌いな性分ということもあり、会社から与えられた目標について、必ず目標達成をしてきた自負がありました。もしかしたらその経験が役立てるかも、そう思い、その支援をさせていただくことになりました。

そして、1年足らずの支援で無事そのクライアントの業績は2倍近くも向上し、社長からも

「業績もそうだけど、特にマネジャー陣が会社のことを自分ごととして考えてくれるようになったのが、何よりの成果だよ」

という言葉をいただき、私もトレーナーとして自信をつけていきました。

でも、実は…私はある「大きな問題」を抱えていたのです。

それはなんと、**「自分の部下・チームはうまく育てられていない」**ことでした。

冒頭に触れたように、部下からは「ついていけない」と言われ、（当時は営業マネジャーでもあったので）上司からは「マネジメントして人を育ててください」と言われる…。

当時の私は年間２７０回の研修を実施し、自ら営業もして事業部の数字に責任も

持っていました。正直、『こんなに忙しいのにこれ以上何もできるわけない』と、毎日思っていたのです。

そんな状態なので、部下との会議やコミュニケーションは、とにかく**「指示」**。

早く、結果を出したい。

早く、仕事を済ませたい。

早く、部下に言うことを聞いてほしい。

毎日そう思っていました。でも、ある日ふと考えたのです。

『なぜ、クライアントの支援はうまくいくのに、自分のチームは変化しないいんだろう？』

部下の頑張りが足りないのか？　いや、でも一人ひとりは本当に必死に努力はしているし、能力がないわけじゃない…。まさかＰＤＣＡが回っていない？　いや、毎週会議で確認はしているし、何度も教えている分、理解もしているとは思う…。

ＰＤＣＡを教えるだけではチームの成長も結果もついてこないということ…？

『何が、足りないいんだろうか』

モヤモヤとそんなことを考えていたある日、ゲントレ受講者にこう言われました。

「荻野さんの『質問』のおかげで、自分で考える癖がつきました」

その時に、ハッとしたのです。私はＰＤＣＡトレーナーとしてはプロでしたが、クライアント先の事業についてては素人。だからこそ参加者の方々には、ＰＤＣＡはこうしてください、と「指示」を出すのではなく、自分で考え行動できるきっかけをもってもらおうと、たくさんの「質問」をしていたのです。つまり…

クライアントには「自分たちで考えてもらおう」と質問していた。
自分の部下たちには「早く動いてもらおう」と指示ばかりしていた。

その結果、どちらが最速で成長し成果を上げ続けるチームになっていたのか…。

それは、やはり「自分で考える力」をつけた、クライアントでした。

つまり、ただフレームワークとしてＰＤＣＡを回すだけでは、一時的な結果はでるかもしれませんが、持続的な自立・成長はしない。「自分で考える」きっかけとなるような「質問」が「ＰＤＣＡ」に組み合わさってはじめて、その「チーム」が自ら走り出すような原動力となることができる。そのことに、やっと気づくことができたのです。

この**「質問PDCA」**の威力に気付いてから、私は自分のマネジメントを変えました。**そして、具体的にどのように「質問」を使いこなし「PDCA」を回すのか体系化しながら自分のチームでも実践していったのです。**

その結果無事に、私自身のチームは1年毎に平均2倍近くの売上増を実現できるようなチームになりました。さらには、クライアントも次々と、**昨年対比4倍の売上目標を達成／人員は変わらずに5倍以上の生産性を実現／昨年対比150％の利益創出…**など、すごい成果を出してくださいました。

そして何よりも重要なのは「短期的な成果」だけでなく、強い組織・チームが次々と生まれたことです。ある経営者の方はこんなことをおっしゃっていました。

「会社という**組織のことを経営役員陣と若手マネージャー陣が一緒になって考えるという感じだったんですよ（苦笑）。**でも今は一緒に考えるメンバーが増えました。これは本当に大きかったです」

時間が増え、私としてはすごく楽になりました。**最初は本当に役員だけで戦っていると**

この変化は、もちろん私自身にも訪れました。「荻野さんと一緒に働きたい」と、部下から言ってもらえるほどに、互いの信頼感が高まったのです。

そして、その結果を受けて、ただの現場トレーニングを意味する「ゲントレ」の名称をやめました。そして名付けたのが**「xDrive（ドライブ）」**です。


単なるPDCAトレーニングでも、短期的な目標達成だけを追うものでもない。**「質問PDCA」を通じて、一人ひとりが自ら考え行動し、個人も組織・チームも「成長し続ける」筋力を身につける。そして組織の成長を「自分ごと」ととらえ、チームでシナジーを生み出す。それがxDriveのもたらすものです。**

Drive、という言葉には「～を動かす」「進むことを促す」「原動力」という要素があります。また、近年のビジネス用語としては「ぐっとアクセルを踏み込み加速させる」というような意味合いでも使われています。そして「×」は「かける」という意味を込めています。つまり、
質問PDCAで、あなたのチームにDriveをかける。

そんな意味を込めて名付けました。

本書は、私が培ってきたこの「xDrive」の実践方法を、組織を成長させた

いと願う経営者の方、過去の私のようにチームマネジメントや部下育成に悩む、「上司」という立場の方に向けて書きました。本書の中には「部下に○○してあげましょう」「育成スピードを上げるために」というような、人によっては「上司都合で部下をコントロールするのか」と不快に感じる表現もあるかもしれません。しかしそれは、まず上司が変わることで部下やチームが大きく成長し、理想の状態を築けるということの後押しをしたいからです。なので、あえてそういった表現を選ばせてもらいました。まずは上司が「質問をする」だけで、必ず変化が起こるのです。

どんなことでも、たった1つの小さな変化から結果が変わります。

まずは、あなた自身が1つ実践し、小さな変化を起こすことで、部下、チーム、組織へとその変化の輪を広げていってください。

あなたのチームにxDriveが、かかりますように！

xDriveエグゼクティブトレーナー　荻野純子

もくじ

第3章 目的と目標――PDCAに本当は必要なこと――61

第4章　質問PDCA——実践編——93

第5章 やり抜く力を加速する「質問PDCA＋α」 ―― 151

信頼される「褒め方」──168

人がついてくる「叱り方」──186

第1章　xDr.iveとは？

xDriveとは

「xDrive」とは、「質問で加速させる新しいPDCA」です。

ＰＤＣＡはビジネスのあらゆるシーンで定番化しているフレームワークですが、本書は「上司の質問によって、部下がＰＤＣＡを回すことができるようになる」ための手法をお伝えします。そして、その結果「ＰＤＣＡが高速で回り、部下やチームが自走しはじめる」という、効果を得られる本とも言えます。

では、ｘＤｒｉｖｅ（ドライブ）を実践するためには、どのようなステップが必要なのか？　その概要がこちらです。

【準備1】「4つの成長フェーズ」で診断する
【準備2】「4つのマネジメントスタイル」から選択する
【実践】「6×5の基本質問」でＰＤＣＡを回す

xDrive
質問で加速させるPDCA

準備1	準備2	実践
4つの成長フェーズで診断する	**4つのマネジメントスタイル**から選択する	**6×5の基本質問**でPDCAを回す
ルーキー（新人）	確認型マネジメント	目的の5質問 目標の5質問 PLANの5質問 DOの5質問 CHECKの5質問 ACTIONの5質問
ウォーリー（不安）	具体化マネジメント	目的の5質問 目標の5質問 PLANの5質問 DOの5質問 CHECKの5質問 ACTIONの5質問
シーソー（変動）	自分ごと化マネジメント	目的の5質問 目標の5質問 PLANの5質問 DOの5質問 CHECKの5質問 ACTIONの5質問
ハイパフォーマー（安定）	創造型マネジメント	目的の5質問 目標の5質問 PLANの5質問 DOの5質問 CHECKの5質問 ACTIONの5質問

本書の中心は、「質問ＰＤＣＡ」を実践することにあります。つまり「６×５の基本質問」でＰＤＣＡを回す、を実践することがｘＤｒｉｖｅであり、それをさらに効果的にするのが「２つの準備」です。

しっかりと手順を追って、部下のＰＤＣＡマネジメントを実施していくことで、まずは個人が自立・自走しはじめ、チーム・組織の成長に加速がかかります。

では、順を追って説明をしていきましょう。

［準備１］「４つの成長フェーズ」で診断する

最初の手順は、部下の仕事に対する「成長フェーズ」を、上司からの視点で診断することです。ｘＤｒｉｖｅでは、「成長フェーズ」を４つに分類して考えています。

①ルーキー（新人）
②ウォーリー（不安）
③シーソー（変動）

④ハイパフォーマー（安定）

「４つの成長フェーズ」の診断基準は、本人の「スキル（仕事を遂行する能力）」と「意欲（モチベーション）」の２軸になっています。目安として意欲とスキル、それぞれ10点満点とした場合の点数も記載しています（ただし、点数は目安です。「程度」をあらわすものとお考えください）。実際の部下や一緒に働く仲間で当てはまる人がいないか、想像しながら読み進めてみてください。

①ルーキー（スキル0～2点／意欲6～9点）

↓いわゆる「新人」状態の意味。意欲はあるけど、スキルはない

○こんな状況の人（例）

・新入社員・新しい役職についた人・部署移動した人・新しい仕事を任された人

・任された仕事において経験がない人

○注意点

「ルーキーかどうか」を見極めるポイントは「スキル」の低さにあります。

新人でまったく右も左もわからない、ということも含めて、業務を一人では遂行できないという状態をさします。わかりやすい「意欲」が見えない場合もありますが、そこにはあまり囚われなくても構いません。ここで「意欲が高い」としているのは、ある意味で「現状がわかっていない」ということも含めています。

ですので、例えば初めての仕事でも、職歴や年齢が高かったりすると本人も周りも「ルーキー」だということに気付かない（あるいは認めない）ことがあります。今後のアプローチに大きな影響があるので、ここは忖度をせずに「スキル」に応じてしっかりと見極めましょう。

②ウォーリー（スキル2～5点／意欲0～5点）

→「不安・心配」な状態の意味。スキルが成長途中のため、自信がもちきれず意欲がルーキー時より下がっている

○こんな状況の人（例）

- **入社2～3年目・管理責任のない「先輩社員」・与えられた仕事に慣れてきた人**
- **任された仕事において期待する成果が出ていない人**

○注意点

「ウォーリーかどうか」を見極めるポイントは「スキルへの自信」です。

ウォーリーのスキルは、一通りの仕事の仕方はわかっていて、一人でも遂行はできるが、成果は出ていないという状態です。そのため、自分の仕事への意欲が落ちてしまっていたり、自信が持ちきれないという状態をさします。

もちろん、表面上の意欲や自信はあるケースも多いでしょう。しかし、重要なのは実績や自分自身の行動になど、根拠に基づいた自信があるかどうか、という点です。スキルもまだ低~中レベルですから、スキル・意欲共に、最もマネジメントの負荷がかかる状態とも言えます。

③シーソー(スキル5~8点/意欲2~9点)

↓「変動・揺れる」の意味。スキルはあるが、意欲が安定しない

○こんな状況下の人(例)

・入社3~5年目以降・管理責任のない「リーダー社員」・状況や環境変化に左右されやすい人・任された仕事に対して、一定の成果は出せる人

○注意点

「シーソーかどうか」を見極めるポイントは「意欲の不安定さ」です。シーソーのスキルは、中～高レベルですので、一人でも十分に成果を出すことはできると言えます。本人もある程度の自信を持っているフェーズです。しかしながら、どこかでは「与えられた仕事」に対する成果なので、充分な自信にまでは至らず、時には状況や環境のせいにして意欲が上下し、行動が止まってしまうことも見受けられます。強い意欲を持っているようで、主体性が時に不足し、変化に弱い。それが成果を左右する一因にもなる、という状態と言えます。

④ハイパフォーマー（スキル8～10点／意欲8～10点）

→「安定」して成果を出せる人の意味。スキルも意欲も高い

○こんな状況下の人（例）

・管理責任のある「マネジメント層」・状況や環境変化に左右されず、自分で考え行動する・安定し成果を出し続けられる人

○注意点

「ハイパフォーマーかどうか」を見極めるポイントは「成果と意欲の安定度合い」です。ここで重要なのは「成果」だけでなく「意欲」も安定しているという点です。多くの場合「ただ結果を出している人」をハイパフォーマーと定義づけることがあります。営業職であれば、常に売上トップ、という状態です。もちろんこれはとても大切な要素なのですが、重要なのは「うまくいかなそうな時」にも、意欲と自信をもって物事に主体的に対処し、挽回できる力があるかどうか、という点です。表面にあらわれる結果だけでなく、内面の安定性も見定めるのが、真のハイパフォーマーを見極めるポイントと言えます。

いかがですか？　ルーキー、ウォーリー、シーソー、ハイパフォーマーそれぞれみなさんの周りにも思い当たる人や部下がいるかもしれません。

そして、この診断には決して外せない大事な視点があります。

それは、この成長フェーズはあくまで「仕事」に対する状態で判断することです。

大まかにいえば部下個人のフェーズとして考えることもできますが、ｘＤｒｉｖｅでは、あくまで部下に任せ成果を出してほしい「仕事に対する状態」で考えます。

例えば、営業マネジャーを担う社員がいたとします。対お客様へのアプローチ、プレゼン、契約獲得などの営業力に関しては「ハイパフォーマー」だとしましょう。しかし、マネジャーという「管理職」の仕事として新たに任された、チーム全体の数値管理、社内報告資料の作成、といった業務に関してはわからないことも多いとすれば、その部分は「ルーキー」ということになります。

また、一度「この仕事に対してはルーキーだ」「シーソーだ」と診断したからと言って、ずっとそのままの視点で相手を見続けないことが重要です。この診断の目的はあくまで**「部下に成長してもらうのに適したマネジメントを行うため」**。それぞれのフェーズに合わせて適切なマネジメントを行っていくことが、必ず部下の成長につながります。

では、先ほど思い当たった部下の状態をそのまま思い描きながら、次の手順へと進みましょう。

[準備2]「4つのマネジメントスタイル」から選択する

準備2では、準備1で診断した部下の「4つの成長フェーズ」に応じて、上司がどのようなマネジメントスタイルを取るのか選択します。

そのマネジメントスタイルは部下の成長フェーズと結びつく次の4つです。

①確認型マネジメント(ルーキー向け)
②具体化マネジメント(ウォーリー向け)
③自分ごと化マネジメント(シーソー向け)
④創造型マネジメント(ハイパフォーマー向け)

どのようなマネジメントスタイルなのか、1つずつ確認していきましょう。

①確認型マネジメント(ルーキー向け)

「確認型マネジメント」とは、部下に対して、その理解度や感じていることを「確

認する」スタイルのマネジメントです。ルーキーはまだ仕事について右も左もわからないケースが多いので、アイデアを引き出そうと質問などをしても、スムーズに答えられないことがほとんどです。もちろん、そのようなアプローチも必要ですが、まずは丁寧に理解すべきことを把握しているか、不安や不明点などはないかということを確認するアプローチをとることで、**「やるべきことを実行し、スキルを高める」機会をつくりだすことが主な狙いです。**

②具体化マネジメント（ウォーリー向け）

「具体化マネジメント」とは、新たな視点や自分で考えるべき視点を、部下自身にもってもらうために、より「具体的に実行できるレベル」で考えてもらう機会をつくりだすスタイルのマネジメントです。ウォーリーは、一通りのことはわかっているとはいえ、成果を出すために自分で考え実行する力がまだ弱いフェーズとも言えます。そこで、理解していることをもう一段具体化させ、自分で考える機会を増やすことで、**「自ら考える力」を高めるのが狙いです。**

③自分ごと化マネジメント(シーソー向け)

「自分ごと化」マネジメントとは、自分が任された仕事について、より強く「自分の意思や責任感をもってもらう」ためのマネジメントです。スキルも高く、成果は出るようになっている状態ですので、より意欲を安定させるためにも「仕事、チーム、組織」について、自分の目的や目標と重ね合わせることが重要です。**自分の主体的な意思をもって仕事に向かう姿勢を築くことが狙い**とも言えます。なお、「自分ごと化」についてはP79において詳しく触れていますので、あわせて確認してみてください。

④創造型マネジメント(ハイパフォーマー向け)

「創造型」マネジメントとは、仕事について「委任」し、より自走を促すスタイルのマネジメントです。目的実現に向け、自ら考え成果創出への道をつくりだすための「手段」については任せる。実際にはシンプルな質問が増えるので、突き放しているように見える場合もありますが、**上司から部下に対する「信頼」をあらわすマネジメントスタイルでもあります。**言われたこと、上司が意図することを実現するだけでなく、自ら考え行動し、**「組織に必要な新たな視点をもたらすこと、またその機会を創造すること」をサポートするのが狙いです。**

なおこれらのマネジメントスタイルは、部下の成長フェーズにあわせて使うのが理想的ではありますが、「それしか使ってはいけない」(例えばルーキーには確認型マネジメントだけ、など)というものではありません。むしろ、**それぞれのマネジメントスタイルをミックスしながら使うことが理想的です。**少しずつ次の成長フェーズのマネジメントスタイルも折まぜながら、部下の成長をけん引するのも、リーダーの重要な役割と言えるでしょう。

ここまで、

【準備1】「4つの成長フェーズ」で診断する

【準備2】「4つのマネジメントスタイル」から選択する

について解説をしてきました。次はxDriveの核とも言える、「実践」です。2つの準備を経て、実際に質問を使いPDCAを加速させる本番段階に入っていくとお考えください。

[実践]「6×5の基本質問」でPDCAを回す

質問PDCA、つまりxDriveをみなさま自身で実践する具体的な方法が、この「6×5の基本質問」です。

「6×5の基本質問」の「6」とは、本書で説明するPDCA6つの要素である、**「目的」「目標」「PLAN」「DO」「CHECK」「ACTION」**のことをさしています。そして「5」とは、PDCA6つの要素それぞれに対し、すぐに使える「5つの基本質問」をさしています。

そして「6×5の基本質問」を「4つの成長フェーズ」「4つのマネジメントスタイル」にかけあわせて使うのがxDriveです。全体像は、P35をご覧ください。(巻末には「4つの成長フェーズ」別にまとめた表も載せています)

PDCAの6つの要素は、第3章・第4章で詳細に説明します。

まずは、より効果的に「6×5の基本質問」を使っていただくためにも、なぜここまでの「2つの準備」が必要だったのか、お伝えしたいと思います。

私が質問ＰＤＣＡを意識し実践し始めた当初は、実は割とやみくもに部下に質問をしていました。**「まずは質問することからはじめる」**だけでも、部下が自ら考えはじめ、ただ指示をするだけの頃よりも変化があったのですが、どうしても乗り越えられない壁があったのです。それが、**「同じ質問でも答えられる部下と、答えられない（あるいは、答えるのとても時間がかかる）部下がいる」ことでした。**

そしてさらには、場合によっては私からの「質問」が怖くなってしまい、私に相談すらできなくなってしまう部下もあらわれたのです。

部下が自ら考え行動する、そして成果を出すための「質問ＰＤＣＡ」だったのに、これでは本末転倒。ただ質問をするだけでは、本来の効果を発揮しない。何が問題だったのか、と考えたときに**「部下の状況を正しく理解し、適切なマネジメントを行う」ことの重要性に気付いたのです。**

できるだけ自分で考えてほしいからと、入社したての部下（ルーキー）に「目的を実現するためのあなたの役割は？」（本来はハイパフォーマー向けの質問）などと聞いたところで、もちろん簡単には答えられません。

xDrive 全体像

成長フェーズ／PDCA	ルーキー（新人） いわゆる「新人」状態の意味 意欲はあるけど、スキルはない	ウォーリー（不安） 「心配・不安」な状態の意味。 スキルが成長途中のため、自信がもちきれず意欲が下がっている	シーソー（変動） 「変動する・揺れる」の意味。 スキルはあるが、意欲が安定しない	ハイパフォーマー（安定） 言葉通り常に 「成果を出せる人」の意味。 スキルも意欲も高い
マネジメントスタイル	確認型マネジメント	具体化マネジメント	自分ごと化マネジメント	創造型マネジメント
目的	私たちの事業の目的を知っていますか? 事業の目的とあなたの役割はつながっていますか? あなた自身が将来実現したいことはありますか? あなたの行動は目的に対して効果的ですか? 目的をいつも忘れないようにするにはどうしたらいいですか?	私たちの事業の目的は何ですか? あなたの役割と事業の目的はどんな風につながっていますか? あなた自身が将来実現したいことはどんなことですか? 目的から考えたら、どのように目標を達成しようと思いますか? あなたのなりたい姿を実現するには、この仕事でどんな成果を出していたらいいと思いますか?	私たちの事業の目的から考えていますか? あなたの役割は事業の目的にとってどんな意味がありますか? あなたが将来実現したい事と事業の目的はどんな風につながっていますか? 目的から考えたら、あなたが達成する今期の目標は何ですか? あなたの人生を輝かせるためには、この仕事を通じて何ができますか?	これで私たちの事業の目的は果たせますか? 目的を実現するためのあなたの役割は? あなたが将来実現したいことを実現するために、この事業でどんなことに挑戦しますか? 目的はあなたに何をリクエストしていますか? この事業を通じてあなたが実現したいことは何ですか?
目標	あなたは目標をもっていますか? 目標の期日はありますか? 達成未達成が明確な目標になっていますか? 目標に対して不安なことはありますか? その目標を目指すことに合意しますか?	あなたの今期の目標は何ですか? 目標の期日はいつですか? 目標を数値化するとどうなりますか? 目標達成する上で、何を解決したいですか? その目標を達成することで、あなたはどんな成長を手に入れられますか?	その目標を達成したら、あなたやあなたのチームにどんなことが起きますか? 目標の期日は適切ですか? どんな状態になったら、目標達成と言えますか? 目標を達成するために、あなたに必要なことは何ですか? その目標を達成することは、事業の目的にどうつながっていますか?	目的達成のために、どんな目標をもったら良いですか? 中長期の視点でとらえたとき、適切な目標の期日は? 目標を達成した時、何が起こりますか? 目標達成するために、目標があなたにリクエストしていることは何ですか? さらに目的に近づくために、どんなことを目指したらいいと思いますか?
Plan	目標を達成するために、やった方がいいと思う行動は何ですか? AとBならどちらが目標達成により効果的ですか? 目標達成のために誰かの力を借りる必要はありますか? 誰に、何を、どのように依頼しますか? 何を、どのように、どのくらい、いつまでに実行しますか?	どんなことをすれば、目標を達成できると思いますか? 目標達成のためには何から手を付ければいいと思いますか? 目標達成のために誰の力を借りたら効果的ですか? 力を借りるためにあなたがすることは何ですか? 具体的にはどんな行動をしますか?	どのように目標を達成しますか? 目標達成するために鍵を握る事柄は何ですか? 目標達成するために、どのようなリソースが必要ですか? リソースはどのように活用しますか? 最初の一週間の具体的な行動計画は何ですか?	目標を達成するためにはどんなストーリーが必要ですか? 目的・目標に向かって順調かどうかは何によって判断しますか? 目標達成の確率を高めるために必要なものは何ですか? 必要なものはどのように手に入れますか? 具体的にはどのように進めますか?
Do	実行する上での不安は何ですか? 不安を取り除くには、どのような工夫が必要ですか? 実行することで、あなたが得られるものはありますか? もし、実行しなかったらマイナスな出来事はありますか? 何が、あなたの実行を妨げましたか?	この行動の目的と目標は何ですか? 目的と目標を達成するためにはどんな行動の工夫が必要ですか? あなたが行動できないとしたら、どんな時ですか? あなたの行動を促進してくれるものはどんなものですか? 実行しなかったことで、目標に対してどのようなマイナスの影響が出ましたか?	その行動は、目的に対して効果的ですか? 効率より効果を考えたら、どんな行動を選択しますか? 結果を担保できる行動量になっていますか? リスケジューリングの仕組みは入っていますか? ハイパフォーマーであればどのように挽回しますか?	実行の精度は何で測りますか? 目的への効果性を考えたら、どんな行動になりますか? 時間予算と生み出したい成果を考えたとき、どんな行動が最も効果的ですか? 行動計画を妨げるものをどのように解決しますか? 今後、必ず実行するためにはどのような仕組みが必要ですか?
Check	目標と現在の実績は? 現状を数値であらわすことはできますか? 今、何が起こっているかは明確ですか? 活かしていきたい成功事例はありますか? うまくいっていること、苦戦していることは何ですか?	目標に対して、現在のGAPは? 現状を数値化すると、どうなりますか? 今、どんなことが起こっていますか? 今後に活かすとしたら、何を活かしますか? 何があれば、あるいはどのようにしていればうまくいっていたと思いますか?	今の目標達成の見通しは悲観的に見るとどのくらいで、楽観的に見るとどのくらいですか? 現状は、具体的にはどんな状態ですか? どんな事柄が課題になっていますか? もう一度最初に戻れるとしたら、どんな行動をしますか? 現状を生み出している事象と事象を生んでいる理由は?	今の目標達成の見通しは? 現状は、実現したい状態に対して、どんな状態ですか? 中長期的な視点で見て、最も解決すべき事柄はどんなことですか? 中長期的な視点で見て、伸ばすべきチームの強みは何ですか? 何が要因ですか?
Action	残りの期間で目標を達成するために、何を追加し、何を継続しますか? 効果的な行動はありましたか? 行動を変えることで、不安なことはありますか? 計画を修正するタイミングは決まっていますか? 効果が出ていないことは何ですか?	残りの期間で目標達成するために、どのようにプランを変更しますか? 最も効果を発揮した行動はなんですか? 行動を変えることで、どんなことが起こりそうですか? 計画を修正するならいつ行いますか? 目標達成のために、やめても影響のないことは何ですか?	どんなプランに改善しますか? さらに効果を発揮させるためには、何を強化しますか? 行動を変えなければ、どんなことが起こりますか? 最も効果的な計画修正のタイミングはいつですか? 残りの期間で効果的に目標達成するためにやめることは何ですか?	どのように挽回しますか? 効果性を考えたら、何をやめて、何に時間を使いますか? 変えることによるマイナスはどのようにカバーしますか? 計画修正を妨げるものはどのように解除しますか? 目標達成への効果と期限を考えると、改善の方向性はどうなりますか?

xDrive
[4つの成長フェーズ×4つのマネジメントスタイル×PDCA基本質問]
以下よりPDFダウンロード可能です
https://go.training-c.co.jp/pdca

そこで、準備1である「部下の成長フェーズ」を考えるようになりました。そしてその成長フェーズ毎に必要なマネジメントスタイルを当てはめていくと、「質問」も必ず言葉が変わることがわかったのです。

一つひとつの言葉は、小さな違いかもしれません。

しかし、この「小さな違い」こそがマネジメント、また部下とのコミュニケーションにおいてとても重要なことでした。

もちろん、質問をすべて記憶し、一言一句同じ言葉を使うのは難しいことです。しかし、部下はどの成長フェーズにいるのか、そしてそれはどのようなマネジメントスタイルが求められるのか、ということを考え、選択しながら質問をするだけでも、選ぶ言葉が変わります。質問を使いこなすためには、まずこのステップがとても重要だと、私自身が痛烈に感じたのでこの「2つの準備」を最初に設定しました。

xDriveを実践するために――本書の読み方

「6×5の基本質問」は、xDrive、つまり質問PDCAの基本です。

この「6×5の基本質問」を覚え、使いこなしていただくことが、ｘＤｒｉｖｅをみなさまのチームでも実現する一番の近道です。しかし、最も重要なのは**「なぜ、何のためにその質問を使うのか」**を理解すること。自由自在に、質問ＰＤＣＡを使いこなすことができるようになるためにも、ぜひ本書は順を追って、具体的にみなさまの部下とのやりとりも思い浮かべながら、お読みください。

◆第2章　質問のすごい効果―結果的に最短

質問の「目的」を説明します。なぜ指示よりも質問なのか、その背景やもたらす効果を理解することで、自ら質問を考えて生み出すことができるようになります。

◆第3章　目的と目標―ＰＤＣＡに本当は必要なこと

従来のＰＤＣＡと「質問ＰＤＣＡ」の違いを説明します。「ＰＤＣＡは回しているつもりだけれど、なぜかうまくいかない」と感じる方々は、ここでお伝えする視点（目的と目標）が抜けているケースが多いのです。

◆第４章　質問ＰＤＣＡ─実践編

具体的なＰＤＣＡの解説とともに、部下を１対１でマネジメントする状況を想定した質問を紹介しています。ＰＤＣＡの各ステップ別に、４つの成長フェーズに対する基本質問もまとめています。①基本質問を確認→②ＰＤＣＡの重要ポイントと質問を確認、という流れで読み進めることをお勧めします。

◆第５章　やり抜くを加速する「質問ＰＤＣＡ＋α」

質問ＰＤＣＡの応用編。より加速度を上げるマネジメント術を紹介します。

◆ケーススタディ　ｘＤｒｉｖｅトレーニング

私がクライアント先で実施しているｘＤｒｉｖｅトレーニングの進め方について説明しています。普段の会議に活かせる要素もあるので、参考にしてみてください。

ｘＤｒｉｖｅは実践し、はじめて変化が生まれます。

ぜひ「実践」を意識し、読み進めてくださいね！

第2章

質問のすごい効果——結果的に最短

質問の目的と効果

質問は「思考のスイッチ」を入れる

Q1．あなたは、なぜ部下に「自分で考えて動いてほしい」と思うのですか？

A．「　　　　　　　　　　　　　　　」

Q2．部下が「自分で考えて動く」ためには、どうすればいいと思いますか？

A．「　　　　　　　　　　　　　　　」

Q3．「指示」よりも「質問」の方が効果的なのは、なぜだと思いますか？

A．「　　　　　　　　　　　　　　　」

さて、みなさんの頭の中では、どんなことが起こったでしょうか？
きっと、私からの質問によって**思考をし始めた**と思うのです。
そもそも質問には大きく2つの目的があります。

1つ目は、**「情報を得る」**ことを目的とした質問。

これは、自分が聞きたいことや、得たい情報がある時に、誰かに「○○について教えてください」などと聞く場合を指します。

そして2つ目は、相手の**「思考のスイッチを入れる」**質問。

冒頭で私が行ったのは、こちらの質問です。質問によって、みなさんに「自分で考える」ことをしてもらったわけですね。

思考のスイッチを入れる質問には、次のような効果があります。


人は質問されると、その場ですぐに考え始める。考えてほしいことがある時は、質問した方が早い。


この効果について、ビジネスシーンで検証してみましょう。

あなたは、飲食店の店長です。いま、お店のシフトがうまく回っていないと感じており、シフト組みを担当する副店長に何とかしてほしいと思っています。

さて、あなただったら、副店長にどう伝えますか?

ケース①

あなた「シフトがうまく回るように、もっといい方法を考えて！」

副店長「はい、わかりました」

ケース②

あなた「シフトをうまく回すには、どうしたらいいと思う？」

副店長「そうですね、例えば土日なんですが…（と具体的に考え始める）」

いかがでしょうか？　ケース①のように「考えて」という指示をしても悪くはありませんが、おそらく副店長は、後で考えようと思ったはずです。

それに対しケース②では、質問した時点で副店長は考え始めました。つまり**質問には、指示するよりも早く考えてもらえるというメリットがある**のです。

副店長に相応の経験と能力があれば、ケース①のように「指示」を出す形でも、任せておけば適切なタイミングでしっかりと対応してくれるでしょう。

ですが、未熟な部下にケース①と同じことをしてしまうと後が大変です。

「わかりました！」の返事の後で、結局うっかりと忘れてしまい

「シフトの件どうなった？」

「△△はやったのか？」

「現状はどうなっている？」

と、結果的に上司が、その後何度も部下に確認することも少なくありません。

残念なことに、私がこれまでお会いしてきた上司の多くが、このパターンに陥っていました。部下に指示を出したが、思うように動かない。だから結局、その後、情報を得るための質問をしているという具合です。

その点、はじめからケース②のように**思考のスイッチを入れる質問をすれば、部下はその時点で思考を深め、頭の中を整理しようとします。**すべき行動が早い段階で明確になれば、**おのずとその後の行動も変わります**よね。

「指示した方が早い」は間違い

いま、経営者や管理職といった立場を超えて、あらゆるリーダーに求められる役割はどんどん広がっています。

会社やチームの成果を上げるために、まずは自分自身で結果を出す。

その上で部下を育成し、結果をともに出してもらう。

常に「より高い成果」が求められるリーダーは多忙を極め、時間は足りなくなる一方です。それだけに、多くのリーダーは部下の育成において、質問をするよりも、指示を出した方が早いと思われるかもしれません。

確かに、相手の意見を聴き出すのはまどろこしい作業ですし、瞬間的には、指示を出した方が早いのも事実です。

しかし、ここで少し考えてみてください。

ある仕事について、上司が部下に細かく指示したとします。

ところが、部下はその指示を少しズレた認識で実行してしまいました。それによって思うような結果が出なければ、さらに細かい指示が必要です。

また、一度教えたことでも、時間がたつと部下は忘れる可能性があります。そうすると、上司は同じ指示を何度も繰り返さなければなりません。

ただでさえ時間がないのに、上司は延々と「部下に細かく指示を出す」時間を取り続けることになるわけです。

実際に私は、多くの組織で、こうした負のループにはまり込んだリーダーを見てきました。

部下の数が1人や2人なら、上司の目も行き届くかもしれません。同じ指示を繰り返すことになっても、何とかこなせるでしょう。

では、部下の数が増えたらどうなるか。自分1人で数十人もの部下を抱えた時には、細かいことまでいちいち「あれはできている?」「これはどうなった?」と確認しきれないのではないかと思います。

指示をし続ければ、その通りに動く従順な部下が、いつかは育ちます。

ですが、それは**「より高い成果」を求められるリーダーにとって、最も効果的な**

方法と言えるでしょうか？ そして、それは部下にとっても**「本当の成長」**と言えるのでしょうか？ おそらく、多くの方が違うと感じると思います。

これからさらに活躍を目指すリーダーがやるべきことは**「責任感や主体性」**をもって行動する人材を1人でも早く多く育て、さらに大きな成果をだすことです。

そのために有効なのが、**「リーダーの質問」**なのです。

では具体的に、質問にはどんな効果があるのかを見ていきましょう。

「指示」で動いた部下の責任感

ある企業で働く・Aさんを例に挙げてみます。

営業職であるAさんは、なかなか業績が上がりませんでした。

それを見かねた上司・Bさんは、何とか彼に成長してもらい、今月こそは結果を出してもらおうと作戦を立て、こと細かに指示をしました。

「○○の企業リストに電話してみて」

「その時に、キャンペーンの説明をこう話して」

「もし断られたら、こう切り返して」

Aさんが電話営業を実行している様子を確認したBさんは、1週間後に状況を聞きました。すると、こう言うのです。

「言われた通りにしましたが、うまくいきませんでした」

これでは、Aさんの成績は今月も未達成。

貴重な時間を無駄にしたことをBさんは怒り、Aさんを問い詰めます。

「どうして途中で相談しないんだ！」

「結果が出ていないのに、なぜやり方を変えないんだ！」

上司の叱責にAさんは「やれと言われたことはしっかりやったんですが…」と曇った表情で言うばかり…。

実はこうしたケース、多くの組織で見られます。

では、どうしてこのようなことが起きるのか。

それは、上司から指示を受けた時、部下は「言われたことをちゃんと実行する」ということだけに責任を持つからです。つまり、**言われたことは責任を持って実行**

するが、その結果については責任感が希薄になりやすい、ということ。

なぜなら、その行動を決めたのは自分ではなく、上司だから。

誰かに指示されたことでうまくいかない時、人はこう思いやすいのです。

「自分は命令に従っただけ」

「言われたことはやった」

「失敗したのは、作戦を立てた人の責任なんじゃないの?」

「質問」で動いた部下の責任感

これは、実際に私の部下に起こった変化です。
私の部下Cさんは、「言われたことしかやらない」部下でした。例えば、
「来週D社で実施する研修の準備をお願い! 1時間ほど時間とってもらえる?」
と指示を出し、研修の前日に準備状況の確認をすると
「時間はとりましたが、荻野さんから特に指示がなかったんで、まだ何も…」と
…。

正直、その時は一瞬頭に血が上りましたが（笑）、これはCさんに成長してもらう良い機会だととらえ直し、その後は質問を使って準備を依頼することにしました。

私「E社さんの研修準備をお願いしたいんだけど、何から手をつけられそう？」

Cさん「そうですね…、この前の研修準備の時みたいに…」

このように質問を重ね、徐々にCさんに自分で考えてもらう範囲を増やしていきました。しかしある日、資料の部数を間違えるというミスが起こってしまったのです。その時にCさんはミスに気づいてすぐ、自らこんなメールをくれました。

『任せてくださったのに、申し訳ありません。今度からは、研修準備のチェック表を作って、部数も確認するようにします』

いつの間にか、自分の役割に対して責任感をもって自ら考え行動できるようになってくれていたのです。

このように、**質問を使うと部下は間違いなく自分で考え始めます。**

そして**自分で考えて決めたことは、「自分の責任」において実行**しはじめますから、**結果に対しても強い責任感**が生まれやすくなるのです。

質問は「主体性」を高める

もう1つ、Cさんの例からもわかるように、質問には大きな効果があります。

それは、自分で考えることによって**「主体性が高まる」**ということです。

自分で決めて行動したことに対しては、責任感が強くなる。

すると、思うような結果が伴わない時には、

「どこが悪かったのだろう？」

「どう挽回したらいいだろう？」

というように自問自答しながら、**自発的に解決策を考える**ようになるのです。

何か問題が起きると、自分で考える前に「どうしたらいいですか？」と上司に解決策を聞きにくる部下は少なくありません。

上司に相談することは、部下にとっては勇気もいる素晴らしい行動です。その姿勢を失わせる、相談しづらい状況を作ってしまってはもちろんNG。しかし、まったく自分で考えない状況を続けてしまっては、部下はいつまでも自走できません。

まず、自分なりの解決法や改善策を考えようとする習慣を持つ。

そんな自ら考える主体的な部下を育てるには、質問によって、常に**「自分で考える」きっかけを上司が投げかけ続ける**ことが欠かせないのです。

ポイントは、**質問を使い「自分で考える」領域を少しずつ増やしてあげる**ことです。

そして、部下が上司に相談するのが、嫌にはならないようには気遣いながら**「上司に聞く前に、まずは、自分で考えないと」**と部下に思ってもらうこと。意図的に成長フェーズに合わせて、**「上司に聞いたからといって、何でもかんでも教えてもらえるわけではない」という状況を作る**ことで、部下は主体性を身につけていくのです。

質問は「部下のために使うもの」

ここまで読むと、質問は上司にとって「便利なツール」だと感じる人もいるかもしれません。しかし、絶対に誤ってほしくないのは、**質問は「部下のためにこそ、必ず使った方が良いものである」**ということです。それはなぜかというと…**質問には、「自己決定感」を満たす作用がある**からです。

こんな言葉があります。

「人が自律的に生きているかどうかの鍵となるのは、自分自身の選択で行動していると心底感じられるかどうかである」（『人を伸ばす力―内発と自律のすすめ』エドワード・L・デシ／リチャード・フラスト）

この本の著者はモチベーション理論における「内発的動機付け」（報酬などの外的要因ではなく、自分の心から発せられるもの）の研究で有名ですが、この内発性を高める一つの要因として「自己決定」という要素を挙げています。つまり、人は「自己決定感」を得ると、結果としてより高いモチベーションで仕事ができるということだと私はとらえています。みなさん自身も、**誰かに指示されたことよりも、自分で考えて決めたことの方が、行動するやる気が高まった**、という経験があるのではないでしょうか？

部下の立場で考えてみると、あれこれ指示されるよりも、自分で考えて行動した方がやる気も高まり、前向きな気持ちで取り組める。おそらくその方が仕事の成果も出やすいのは想像に難くないでしょう。**だからこそ上司の「質問」で、部下が「自己決定感」を得られる機会をつくりださなければならない**、と私は思うのです。

もちろん、はじめての仕事で右も左もわからない相手には、指示が欠かせません。指示がなければ動きようがないため、本人も指示されることを望んでいます。

ですが、ある程度の判断がつく成長フェーズになっても上司が一方的に指示を出し続けるのは、完全に自己決定感を無視したアプローチです。

表面的には上司の指示に従っているように見えても、義務感で動いていたり、イヤイヤ言うことを聞いていたり。中には、はっきりと「それはしたくない」と反発する部下もいるでしょう。

そうなると、お互いの信頼関係にも悪影響をおよぼす可能性があります。

上司と部下の良好な人間関係や、チームワークの向上を目指すのであれば、指示を質問に変えていくアプローチは不可欠と言えます。

質問は「実行定着率」を高める

どんなに素晴らしい計画でも、実行され、やり遂げられなければ結果は得られません。

ですが実行・継続には労力が伴うため、よほど強い意志がなければ「やり遂げ」られないものです。

そこで、またさらに重要になるのが、**「自分で決める」**ことです。

みなさんには、こんな経験がないでしょうか?

「人に言われたことはなかなか継続できないけれど、自分で決めたことは頑張って最後までやり遂げられた」

学生時代、いくら親に言われても勉強する気が起きなかったのに、自分で志望校を決めた途端に勉強に打ち込むようになった、というような経験ですね。

実際にある調査では、**「指示を受けて実行した場合」**と、**「自分で考えて実行した場合」とでは、実行定着率が大きく変わってくる**ことがわかっています。

例えば、部下に「毎週10社に顧客フォローの電話をかけて」と指示したとします。この場合、3週間後には70%程度の実行定着率がありますが、3か月後になると10%程度まで下がると言われています。

いっぽう、部下に「お客さまの信頼を得るにはどうしたらいいか？」と質問し、**部下が自分で「毎週10社電話をする」と決めた場合には、3週間後の実行定着率は約85%。3か月後でも、65%程度は行動が定着して**いるそうです。

勘のいい方は、もうおわかりですね？ 実行定着率、つまり部下が目標達成に向けて**実行し続ける確率を上げるためにも、質問は欠かせないツール**なのです。

ちなみに、この「自分で決めたことは、3か月後でも65%の実行定着率」について、みなさんは高いと思われますか？ それとも、低いと考えるでしょうか？

実は正直に言うと、私は最初にこの数字を見た時、

「えっ、100%じゃないの？」

と驚きました。自分で決めたことは、100%実行し続けるべきだと思ったからです。数字が間違っていて、「3週間後には100%、3か月後でも85%」が正しいのではないかと、何度も見返したほどです。

けれども、あらためて自分自身を振り返ってみてわかったのです。

「自分で決めたことでも、100%実行し続ける事はできない」

私自身、過去には「ダイエットをしよう！」と意気込んでスポーツクラブに通い始めたのはいいけれど、あっという間に挫折した経験が何度もあります（笑）。誰かに強制されたわけではない。自分で決めて、費用を払ってまで入会したのに通わなくなる。本当に不思議ですよね。ですが、これもまた人間の特性。

人は、自分の意志で始めたことであっても、実行の継続は難しい生き物です。それなのに、部下に指示しただけで「ちゃんとやってほしい」と望むなんて、それこそ至難のわざでしょう。「自分で決めたのに続けられないの⁉」なんて部下を叱るのが筋違いであることも、よくわかっていただけると思います。

結果的に、最短

指示は「瞬間的」に、質問は「結果的」に早い

ここまでで、質問の目的と効果はご理解いただけたと思います。
ただ、1つ大きな問題があります。
それは、多くのリーダーがこう思っていることです。

「部下が質問に答えるのを待っていられない」

確かに、質問してもなかなか答えが返ってこなかったり、良い解決策が出てこなかったりすると、手っ取り早く指示を出したくなるものですよね。
忙しい上司は、いつも時間に追われています。ですから、その気持ちは痛いほどわかります。

ですが、結果的にどちらが最短か、考えてみてください。

先にお伝えした通り、指示を出すのは、瞬間的には早い方法です。

けれども、中長期的に見ると、そうとは言えません。

指示され続けた部下は、自分で考えることをしなくなりますから、成長のスピードはかなり遅くなります。しかも、指示を出し続けなければ部下は動いてくれませんから、上司はずっと指示をし続けなければならないわけです。

それに対し、質問は目先の時間こそ取られますが、部下に自主性が身についてくれば、指示や質問をする頻度は大幅に減少します。

長い目で見た時には、質問によって部下を育てた方が間違いなく早い。

このことを信じ、恐れずに質問を使ってくださいね。

待つ時間は「部下が成長する時間」

なお、リーダーのみなさんには、

「焦らない、ガッカリしない」

という心構えも押さえておいてほしいポイントです。

部下に質問をした時、思うように答えが返ってこないと、イライラしたり、ガッカリしたりする場面もあるでしょう。

ですが、それは**「部下が成長している時間」**。

成長するのをじっと待つのは勇気がいることかもしれませんが、それは「待つ時間」ではなく、**「成長を見守る時間」**なのです。

質問の成果があらわれる日は必ず訪れますから、目先の時間が取られたとしても、焦って指示を出し過ぎないようにしましょう。

ちなみに…私は自他ともに認める大のせっかち（笑）。それでも、5万人以上のビジネスパーソンと、研修やセミナーで出会ってきて、最終的に「結局これが最速だ！」と確信を持って言えるのが「質問」です。

だからこそ、恐れず、焦らず、あきらめずに質問し続けてほしいのです。

質問を活用すれば、数か月後、数年後には、部下は飛躍的な成長を遂げます。

上司が質問のコツをつかみ、実践できるようになれば、次第に「指示を出し続ける」という不要な業務から抜け出せます。

それと同時に、部下は間違いなく、上司に信頼を寄せるようになるでしょう。

質問によって、自分が思っていることや意見を聴いてくれる上司は、部下にとってもありがたい存在だからです。

信頼している上司からの質問には、部下も必死で考えようとします。

そうすれば**確実に「自分で考える力」は身につき、上司の「待つ時間」や「ガッカリ」も減っていく**のです。

そもそも、考えてみてください。人はみんな違います。さらに言えば、仕事においては実力や実績が違うからこそ、「上司と部下」という違う役割をそれぞれが担っているのです。

部下から思うような答えが返ってこないのは、むしろ当然のこと。

そのくらいの心づもりでいるのが、上司としてちょうどいいのです。

第3章

目的と目標——PDCAに本当は必要なこと

ＰＤＣＡサイクルを回すとは？

自分で考えて行動する＝ＰＤＣＡサイクルを回す

みなさんは、「自分で考えて行動する」部下というと、どのようなイメージを持ちますか？

上司としてはおそらく、「これを成し遂げてほしい」と思う具体的な仕事や業務があると思うのです。そしてその仕事を、上司の指示がなくても、自ら考えながら進めてくれる部下を理想としているのではないでしょうか。

何かあるたびに上司に指示を仰ぐのではなく、自分で「どうすればうまくいくだろう？」と具体的に考えながら、進めているプロジェクトの成功、組織やチームが目指している目標に向かって実行し続ける。

実行の過程では、定期的に「目標の状態にきちんと近づいているか」をチェックし、何か問題がある場合には、その原因を見つけ出して改善する。

このように**課題発見力を持ち合わせ、目標の実現にいたるまで、課題の修正と改善を繰り返す力**のある部下。それを期待しているのではないでしょうか。

実は、その力こそが**「PDCAサイクルを回す力」**です。

実際に私が見てきた**成果を出しているハイパフォーマーは、必ずPDCAサイクルを回す力**がありました。

これは、組織やチームが成果を出していくためにも欠かせないポイントです。

みなさんの部下や、チームのメンバーが全員そのスキルを身につけている状態を想像してみてください。それは、ものすごいことだと思いませんか?

なぜ、うまく回らないのか?

PDCAサイクルという言葉自体は、とても単純に説明できます。

ビジネスパーソンのみなさんであれば、もう聞き慣れているかもしれませんね。

「PLAN=計画」

「DO＝実行」

「CHECK＝評価」

「ACTION＝改善」

この４つの行動をサイクルのように行い続けることで、仕事のレベルアップを図り、それまで以上に成果を出す手法です。ＰＤＣＡサイクル自体は、それこそ入社１年目の新人でも知っているような、当たり前のフレームとも言えます。

ＰＤＣＡサイクルの理論は、ウィリアム・エドワーズ・デミング博士（アメリカの統計学者）によって提唱され、戦後、日本に上陸してから現在にいたるまで、ビジネス界では**成果を出すための「基本中の基本」**として扱われてきました。

ＰＤＣＡサイクルの理論が日本で普及してから、すでに数十年が経過しています。にもかかわらず、これまで私がトレーナーとして関わってきた多くの企業では、残念ながら、ＰＤＣＡサイクルをうまく使いこなし、その効果を発揮している上司はほとんどいませんでした。

例えばみなさんも、次のようなことに思い当たりませんか？

・会議で決定された施策やアイデアで盛り上がっても、実際には何をしたらいいかわからず、そのまま放置されている。
・「何をしたらいいか」までは考えられるが、実際にはなかなか行動に移せない。
・行動はしているけれど、しっぱなし。うまくいっていなくても改善されず、ただやり続けているだけ。
・うまくいっていないことはわかっていて、それぞれ不満や思いを抱えているが、具体的な改善案は出てこずそのままに…。

これらは、もしＰＤＣＡサイクルが効果的に回っているのであれば、絶対に起こらないことです。

結局のところ、ＰＤＣＡというフレームや言葉の意味を理解していても、実際にはうまく回せなかったり、間違ったやり方をしているのに、回しているつもりになっているだけだったりして、成果が出ていないのです。

そもそも、ＰＤＣＡサイクルになっていないということもよくあります。

誰にでも理解できるようなシンプルなフレームなのに、なぜこんなことが起きるのでしょうか？

「目的と目標」がＰＤＣＡサイクルの肝

ＰＤＣＡサイクルを効果的に回すためのもっとも重要なポイントは、**「目的と目標」**にあります。

多くの企業では、このポイントをうまく機能させられていないがゆえに、先ほど挙げたような問題が起こるのです。

では、目的と目標とは何か。

この2つの言葉は大変よく似ていますが、それぞれ意味はまったく異なります。

目的と目標は、それぞれ漢字に注目すると違いがよくわかります。

目的は「的（まと）」という字、**目標には「標（しるべ）」**という字が使われていますね。

目的とは、目的地などの言葉があるように、最終的に射貫きたい「的」。到達し

目的と目標

目的・目標　どちらも「必要不可欠」

最終的に射貫きたい「的」

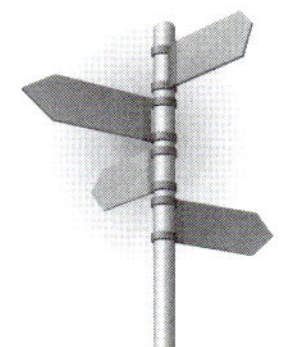

目的地に到達するために
通過していく道「標」

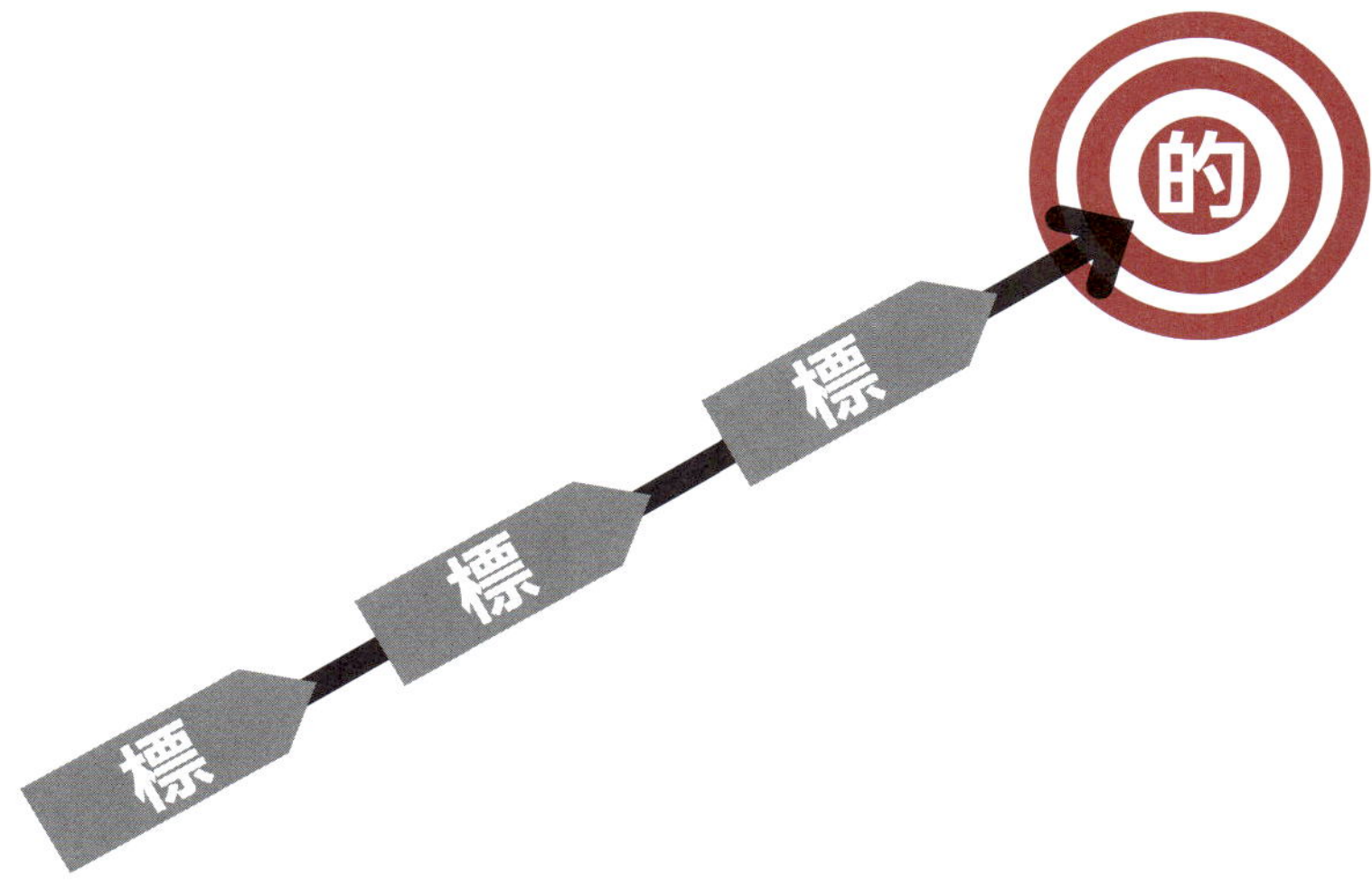

たい場所、最終的に目指す姿と考えてください。

いっぽう**目標は、最終目的地に到達するために通過する「道標」**のようなもの。

つまり、「スピーディーに目的地を目指すには、ここを通過すると効果的ですよ」という目安みたいなものです。

イメージとしては、（P67）のような関係性になります。

目的の方が目標よりも上位にあり、**目的を実現するために目標がある。**

まずは、両者の違いをきちんと理解しておきましょう。

つまり**目的（＝最終地点）を定め、それを実現するために、逆算をして指標を置いていく。この指標が、目標**になるわけです。

企業における「目的と目標」

では、目的と目標を企業に置き換えると、どうなるでしょうか。

企業における目的とは、**「会社としてどんな価値を誰に（何に）提供し」**社会に存在し続けるのかというイメージになります。つまり、最終的に目指し続ける姿のことです。多くの企業では、**「使命」**や**「理念」**という言葉で表現されています。

では、企業においての目標は何かというと、最終的に目指し続ける姿にたどり着くための**「期限と到達点」**が明示されているものです。例えば、

「10年後には商品の市場シェア率をこのくらいにしたい」

「企業規模を1000人にしたい」「売上げを◯億円にしよう」

といった指標です。そしてこの目標は中長期的なものから、短期的なものへと逆算して考えるのが効果的です。例えは、10年後の目標が定まれば、8年後の目標、5年後の目標……と逆算して考えるということですね。

「10年後の目標を叶えるために、3年後にはここまで事業拡大をしておこう」

「売上げと利益は△億円、従業員を◇人に」

「そのために、今期はこういう目標を達成しよう」

多くの企業ではおそらく**「ビジョン」「経営計画」**という形で、中長期的な目標

が設定され、それらが今期、今月…また各部門、そして個人の目標へとつながっているというのが、イメージしやすいと思います。

とても大切な点なので、整理してお伝えすると

目的として、「企業（各事業・チーム）の使命・理念」があります。

そして、この目的を実現するための「標（しるべ）」、つまり目標として、**全体の中長期的な「ビジョンや経営計画」がある。**

そしてさらに、その中長期的な目標を実現するために、**短期的な「売上目標や個人目標」があるのです。**

企業規模や組織体制によってこの階層は変わるかもしれませんが、この構造自体は変わりません。そして、ぜひみなさんにやっていただきたいのは、ご自身や部下に**「会社や事業の理念」「会社や事業全体の目標」を質問する**、ということです。

恐らく8割以上の方が知らずに仕事をしています。私がお会いした多くの上司もそうでした。でもこの「目的・目標」を知らないことが、実はＰＤＣＡサイクルが回らない大きな理由でもあるのです。

目的・目標のないPDCAサイクル

PDCAサイクルにおいて、目的と目標が欠けるとどうなるか、3つのケースでご紹介します。

ご自身や部下に当てはまることがないか、考えてみてください。

1.「目標だけ」のPDCAサイクル

「PDCAサイクルは、目標達成のために回すものでしょう?」

このように思っているビジネスパーソンは多いのですが、実はここに大きな落とし穴があります。

例えば、「一人ひとりの健康寿命を延ばすこと」を会社の理念としている製薬会社があるとします。つまりこの会社の目的は、「ただ寿命を延ばすだけでなく、健康な状態で寿命を延ばしたい」わけですね。

この目的を果たすには、自社の商品（薬）を幅広く、多くの人に支持してもらうことが欠かせません。この視点から、目標を年商20億円に設定したとします。

では、目的を見失い、年商20億円という目標だけにフォーカスするとどうなるでしょうか？　極端かもしれませんが、20億円の売上が確保できることなら何でもアリになってしまうかもしれないわけです（例えば、健康寿命を延ばすのに効果の不明な新商品の販売など）。組織の理念に関係なく売上だけを追求すると、いつの間にかお客さまを裏切るようなことをし始めたり、ごまかしや嘘で世間を騙したりしかねない。昨今の企業で起こる不祥事を見ると、それがよくわかると思います。

目先の目標さえ達成すればいい。

そんなふうに**目的を忘れてしまうと、組織の存在意義や、本来実現したかった組織のイメージは崩れ去り、目指す姿とはかけはなれた組織になってしまう可能性がある**のです。

2.「目的だけ」のPDCAサイクル

反対に、目標が欠け、目的だけになるとどうなるか考えてみます。

先の製薬会社を例に挙げると、この会社の目的は、一人ひとりの健康寿命を延ばすことでしたね。

この目的だけで、社員は何をすればいいのかイメージできるでしょうか?

今月、どんなことを成し遂げれば目的に近づくか、具体的に思い描けますか?

今日という1日を、社員一人ひとりがどう過ごせば目的の実現に近づけるか、考えて行動できるでしょうか?

もちろん、組織の一員である以上は、目の前に仕事がたくさんあります。でも、「いつか理想の姿を実現するために、とりあえず目先の仕事を頑張ろう」という思考では、目的に近づけません。

目的はあまりにも漠然としていて、遠すぎる存在。

それだけに、目的だけの組織は、ただのドリーマーになります。「いつか実現できたらいいね」と思い続けるだけで、具体的な行動は何も生まれないのです。

目的を確実に達成するためには、目標が欠かせません。

「いつまでに何を成し遂げたら、目的を実現できるか」

↓

「そのために、どんなことから始めるべきか」

↓

「今日は、何をすればいいか」

このように逆算して目標を定めることで、はじめて具体的な行動をイメージできるのです。

具体的な目標がなければ前進できません。

そのことを伝えるために、私がよく新卒社員向けの研修で伝える話があります。

C君とD君はともに新卒社員で、2人ともやる気に満ちています。

C君は、いつもこう言います。

「いつか大物になりたい！　すごいビジネスパーソンになるんだ」

いっぽうD君は、こうです。

「3年後には、1000万円プレイヤーになります！」

さて、C君とD君では、どちらが目標に向けた行動をとりやすいでしょうか？

これは間違いなく、具体的な目標を立てているD君です。

3年後に1000万円プレイヤーになるという具体的な目標があれば、そこから逆算して、次のように考えられます。

「3年後に1000万円プレイヤーになるには、どのくらいのレベルで仕事をしていなければならないか」

←

「2年後には、何を達成している必要があるのか」

←

「そのためには、1年後に何を成し遂げているべきか」

←

「半年後の自分は、何ができるようになっていなければならないか」

このようにして、「じゃあ3か月後は？」「今月は？」というように、どんどん道標を立てていくわけです。

逆算する中で具体的なイメージがつかめない場合は、実際に１０００万円プレイヤーとして活躍している人の話を聞いたり、目標となりうる人の本を読んだりすることで、自らイメージを固めていく。

これができる部下は、成長しないはずがないのです。

3. 「目的も目標もなくなった」ＰＤＣＡサイクル

最後に、目的と目標のどちらも見失ってしまうパターンです。

これはＰＤＣＡサイクルを回すことそのものが目的・目標になってしまったケースとも言えます。ＰＤＣＡというフレームを組織に導入する際に実はもっともよく見られます。

多くの企業では、さまざまな方法（ＷＥＢサービスや日報など）でＰＤＣＡサイクルを導入しようとしています。私たち自身も、クライアント企業に、エクセルフォーマットを使ってＰＤＣＡサイクル導入のサポートをすることがあります。

ＰＤＣＡサイクルを回すためにあらゆる「仕組み」を導入すること自体は、大変素晴らしい取り組みと言えます。

ですが半面、導入したＰＤＣＡのフレームワークを「きれいに回す」ことが、目的・目標になりやすい面があります。

このような「仕組み」は、効果的にＰＤＣＡサイクルを回すために欠かせない「サポートツール」。しかしそれだけに、ツールに気を取られてしまい、仕事におけるＰＤＣＡサイクルを回す本来の目的・目標を忘れてしまうのです。プランを立て、それを実行し、結果を検証し、修正や改善を行う。ただそれだけになってしまうわけですね。

「でも結果としてＰ↓Ｄ↓Ｃ↓Ａと回っていれば、それでいいのでは？」

と思われるかもしれません。ですが、**フレームワーク自体が目的・目標になってしまうと、本来の実現したい姿や、そのための目標（いつまでに何をするのか）に近づいていなくても、気にならなくなる**ことがあるのです。

結果、目的・目標に到達できない行動計画へ、どんどんズレていってしまいます。

例えば、上司が部下に「四半期の計画を持ってきて」と依頼したところ、いつの間にかその部下は、本来の目的・目標を忘れ、ただ計画表を作ること自体が目的になっていた、などという場合です。

そして、でき上がった計画を提出した後は、計画通りに行動し、その結果を上司に報告することが目的になる。

上司に「改善策、修正案を次の会議で立案して」と言われたら、それがまた目的になる…。でも実際は自らは何も考えていない…。これが延々と続くわけですね。

このように、**目先の業務が目的になってしまうと、「本来の目的・目標」に向かうPDCAサイクルは失われ、うまくいかなくなってしまう**のです。

目的・目標を実現するために「自分で考え」前進する。本来、これがPDCAサイクルを回す狙いです。

それなのに、「前進しているプロセスを見せる」「PDCAサイクルを回している様子を見せる」ことが目的になってしまう。

残念な話ではありますが、これが多くの企業で起きている事実です。

PDCAのフレームを部下に伝える時や、チームに導入する際には、この点に十分注意し、本来の目的・目標を忘れないようにしましょう。

目的と目標を「自分ごと化」する

自分ごと化するとは?

目的と目標は、どちらが欠けてもPDCAサイクルがうまく回らなくなります。では、目的・目標を軸にしてPDCAサイクルを回すには、どうしたらいいのでしょうか?

ここで必要なのは、**目的・目標の「自分ごと化」**です。

自分ごと化とは、文字通り、自分のこととして認識するという意味。

実は、多くの方が子どもの時に、目的や目標を自分ごと化することで、PDCA

サイクルを回した経験があります。
そこにあるヒントを探ってみましょう。

自分ごと化で、ＰＤＣＡサイクルは自動で回る

私の感覚では、**ほとんどの人が、人生で一度はＰＤＣＡサイクルを正しく回した経験を持っています。**「私はＰＤＣＡサイクルという言葉すらはじめて聞きました」という方でも、きっとあるはずです。

例えば、みなさんにはこのような体験がないでしょうか？

「受験で志望校に合格できた」
「学生時代の部活で必死に練習し、地区大会で優勝した」
「趣味のピアノにハマって、難易度の高い曲をうまく弾けるようになった」

おそらくどなたにも、「自分が実現したいこと」を達成するために、全力で挑んだ経験が１つや２つはあると思います。実はその時、無意識のうちにＰＤＣＡサイクルを回していたはずなのです。

もっと言えば、**カードゲームに夢中になっている子どもでも、ＰＤＣＡサイクルを正しく回している**ことがあります。

「このカードを出せば勝てるだろうか？」

「いや、前回はこれで失敗したから、今回はこれだ！」

記憶がないだけで、みなさんも子どもの時から、実はこんなふうに無意識のうちにＰＤＣＡサイクルを回していたかもしれません。

ただし、それは意図的に起こしたものではありませんので、仕事で再現しようと思っても難しいわけです。

ＰＤＣＡサイクルという概念のない子どもでも、無意識にＰＤＣＡサイクルを回すことができるのは、目の前のゲームや遊びが自分ごとだから。

「これを達成したい！」

「うまくなりたい！」

という強い欲求が、ＰＤＣＡサイクルを勝手にぐるぐる回していくのです。

人間は、**自分が心の底から強く、「実現させたい」と願ったことについては、自**

然にＰＤＣＡサイクルを回せます。

ということは、組織やチームの目的・目標についても、部下が自ら強く「これを達成したい！」と思えば思うほど、進んでＰＤＣＡサイクルを回すようになるわけですね。

部下に自走してほしいのであれば、**目的の実現や、目標の達成を、心底強く望む状態をつくる**こと。これが、一番の近道と言えます。

仕事を自分ごと化する方法

では、会社の理念や目標を、どのように自分ごと化すればいいのでしょうか？（Ｐ83）をご覧ください。

この円の重なりを大きくすることが、自分ごと化です。

つまり、人生の目的（自分が実現したい姿）と会社の理念（組織が実現したい姿）は、重なり合う部分が大きければ大きいほど、仕事は自分ごと化されるのです。

自分ごと化するために

「重なり」を見つけ大きくしていく

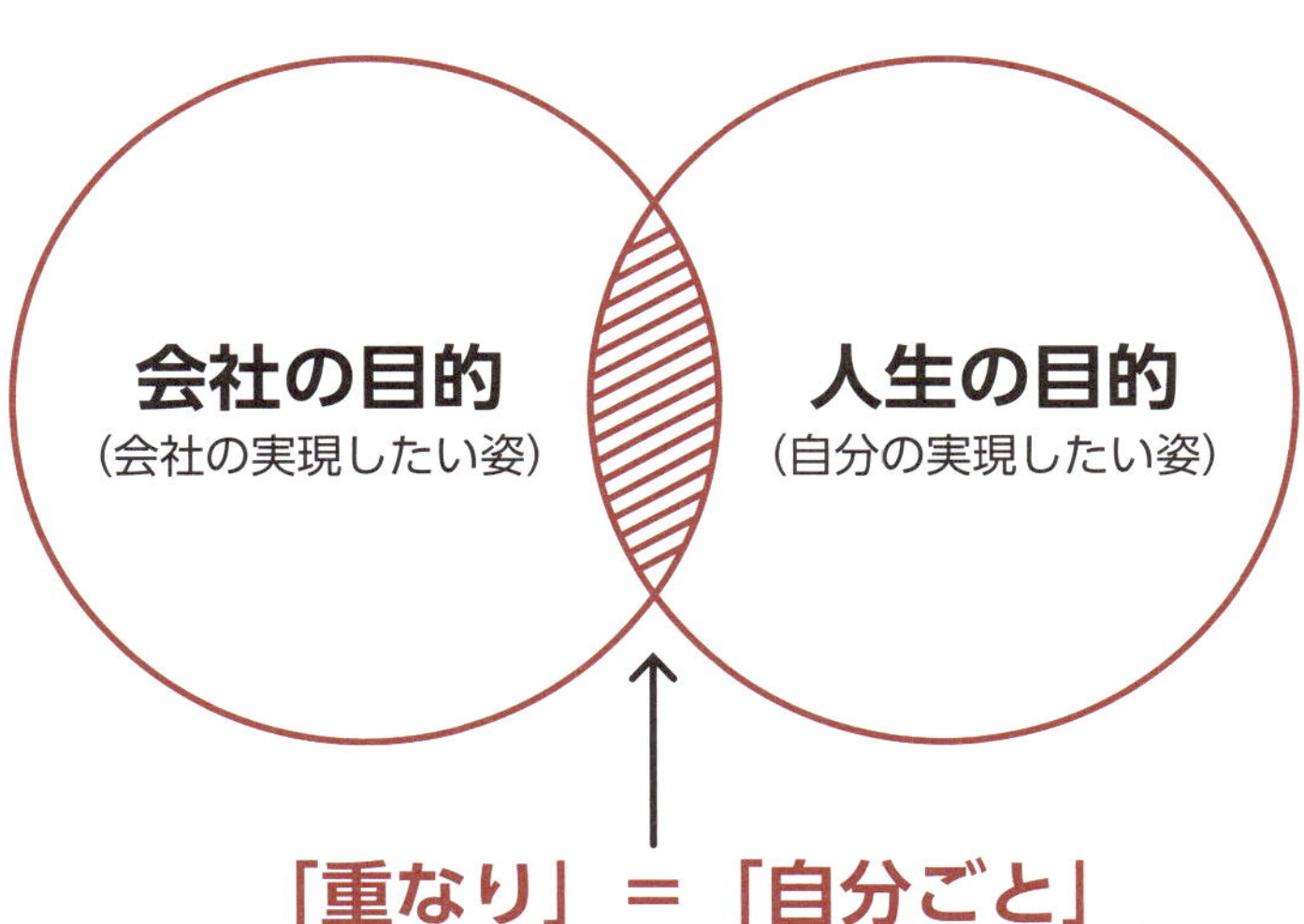

「重なり」＝「自分ごと」

そのぶん、業務におけるＰＤＣＡサイクルも回りやすくなります。

人は誰しも、**「自分の人生にとって価値あることに費やす時間」が長ければ長いほど、充実感を覚える**ものです。

そしておそらく、本書を読んでくださっている方の多くは、人生のうちもっとも長い時間を仕事に費やしているのではないでしょうか？　例えば労働時間が1日8時間とします。総務省統計局２０１６年のデータでは日本人の平均通勤時間が往復約1時間、平均残業時間が実態に伴う調査では約2時間とも言われていますから、合計1日11時間は仕事に費やされているのです。睡眠時間を約7時間と考えると、起きている17時間のうち、**1日6～7割もの時間を仕事にあてている**のですね。

この6～7割という時間の大部分が、人生を豊かにしたり、価値あることを生み出したりする時間になれば、結果として人生そのものが豊かになりますよね。

生き方として、これほど幸せな道はないでしょう。

質問で「重なり」を探す

もちろん、会社の理念（目的・目標）をどれだけ自分ごと化できるかは、人それぞれ異なると思います。社員の中には、「理念そのものに共感していないわけではないが、それほど強い情熱があるわけでもない」という人も多いでしょう。

だからこそ、自分ごと化の度合い、つまり「円の重なり」をまずは見つけ、その重なりを「大きくしていく」ことがリーダーの役割なのです。

まずはリーダー自身が会社の理念を深く理解し、自分との重なりを知り、広げていく。そして組織において燃え盛る「火種」となり、一人ひとりの部下の中にある火をさらに燃え上がらせる支援をしていく。そのためにこそリーダーが「理念」を部下に伝え、部下の円の「重なり」を質問で広げていくのです。

ただ、このようにお伝えすると、

「自分の実現したいことがわからない部下がいて…」

と不安を感じるリーダーもいらっしゃいます。

その場合は、上司の**質問によって、「人生の目的について考える機会」を意図的につくりだす**といいでしょう。

「この先、どんな暮らしがしてみたい？」

「将来的には、どんな自分になっていたら楽しい？」

「○年後にガッツポーズするには、どんな自分になっていたらいい？」

この時、プライベートと仕事が混ざっていてもかまいません。率直に、どんな自分でありたいかを答えてもらいます。

部下から返答があったら、次はこのように質問してください。

「その姿を実現するには、仕事でどんな成果を出していたらいいと思う？」

「あなたの人生を輝かせるためには、この仕事を通じて何ができるだろう？」

このように、**プライベートと仕事を相互にひもづけることで、人生の目的と会社の理念には重なりがあると気づかせてください。**

それでも、「人生の目的と会社の理念が、まったく一致しない部下の場合は？」

と心配されるリーダーがいらっしゃいます。

結論から申し上げると、そんなことは絶対にありえません。

会社の理念に1ミリも共感していなければ、その部下は、いまの会社に入社していないはず。**人生の目的と会社の理念は、どこかで必ず重なり合っている**ものなのです。

どうしても会社の理念と自分の夢の重なりを見つけられない部下には、こんな質問をしてみましょう。

「この会社に感じているメリットは何だろう?」

会社のいいところとは、自分の要望に合っている部分。ですから、どんなに些細なことでもかまいませんので、まずは会社のいいところを挙げてもらいます。

この時、部下の口から、給与や会社の場所、勤務時間といった表面的な条件が出てきてもかまいません。はじめは、

「自分の目的・目標と、会社には共通点(重なり)がある」

という事実に目を向けることが重要であり、そこから徐々に、人生の目的と会社の理念を重ねていけばいいのです。

こうして目的と目標が自分ごと化できた時、人ははじめて、自分でPDCAサイクルを回そうという意欲が生まれる。これが、最大のポイントです。

組織の実現したい姿を「伝え続ける」

会社と自分の重なりを広げるためには、上司が「組織の実現したい姿を伝え続ける」ことが欠かせません。リーダーはしつこいくらいに、会議や打ち合わせの場で、繰り返し目的や目標の意味を伝え続けてください。

この時に効果的なのが、次のような質問です。

「このプロジェクトは、何のために進めていると思う?」

「この目標を達成することで、どんなことの実現につながると思う?」

何度も**部下自身に目的や目標を考えさせ、部下の言葉で語ってもらう。**

こうすることで、いっそう効果的に目的・目標を自分ごと化するようになります。

人は、忘れやすい生き物です。会社の理念を1度や2度聞いただけでは、忙しい日常の中であっという間に忘れ去ってしまいます。

だからこそ、大事なことは常に伝え続ける。それによって、部下も目的の意味を真に腹に落とし、自分ごと化していくのです。

実現したい姿なしに、そして部下の理解なしに、自分と会社に重なりは生まれません。重なりが多くなればなるほど、目的・目標の自分ごと化は進み、意欲やモチベーションにつながりますので、少しくらい部下にうっとうしがられても、リーダーはひるまず、組織の目的・目標を伝え続けてくださいね。

目的は手段を、目標は正しい目盛りを教えてくれる

PDCAサイクルを回す上で、目的と目標がもっとも重要であるとお伝えしてきました。その理由を、最後にもう1つご紹介しておきたいと思います。

「目的は手段を教えてくれる」
「目標は正しい目盛りを与えてくれる」

先にお伝えしたように、**理想の姿を実現するためには、手段を誤ってはならない。**それを教えてくれるのが目的です。いっぽう、道標である目標は、「確実に目的へ近づいている」ということを、私たちに教えてくれる目盛りになります。

目標に近づいているという実感が得られると、モチベーションが高まります。

やみくもに日々の仕事を頑張るだけでは、どのくらい目的に近づいているかわかりませんが、目標を立て、それをクリアすることで「また一歩、目的に近づいた」と実感できるため、大きな励みとなるのです。

目的と目標は、どちらが欠けてもＰＤＣＡサイクルは正しく回りません。

このことを常に意識しながら、上司であるみなさんも、部下と一緒にＰＤＣＡサイクルを回していきましょう。

最後に、仕事における「目的」「目標」をしっかりと部下に認識させ、常に見失わない状態にするための「６×５の基本質問」をお伝えします。これは第3章でお伝えする**「ＰＤＣＡ」すべての要素を進めるにあたり「立ち戻る」質問でもあります。**部下の成長フェーズに合わせて、ぜひ使ってみてください。

xDrive
「目的」6×5の基本質問

- 私たちの事業の目的を知っていますか？
- 事業の目的とあなたの役割はつながっていますか？
- あなた自身が将来実現したいことはありますか？
- あなたの行動は目的に対して効果的ですか？
- 目的をいつも忘れないようにするには
どうしたらいいですか？

- 私たちの事業の目的は何ですか？
- あなたの役割と事業の目的はどのようにつながってますか？
- あなた自身が将来実現したいことはどんなことですか？
- 目的から考えたら、
どのように目標を達成しようと思いますか？
- あなたのなりたい姿を実現するには、
この仕事でどんな成果を出していたらいいと思いますか？

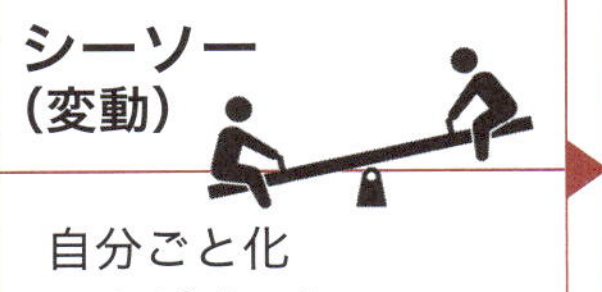

- 私たちの事業の目的から考えていますか？
- あなたの役割は事業の目的にとってどんな意味がありますか？
- あなたが将来実現したい事と事業の目的は
どんな風につながっていますか？
- 目的から考えたら、あなたが達成する今期の目標は何ですか？
- あなたの人生を輝かせるためには、
この仕事を通じて何ができますか？

ハイパフォーマー
(安定)

創造型
マネジメント

- これで私たちの事業の目的は果たせますか？
- 目的を実現するためのあなたの役割は？
- あなたが将来実現したいことを実現するために、
この事業でどんなことに挑戦しますか？
- 目的はあなたに何をリクエストしていますか？
- この事業を通じてあなたが実現したいことは何ですか？

xDrive
「目標」6×5の基本質問

- あなたは目標をもっていますか？
- 目標の期日はありますか？
- 達成未達成が明確な目標になっていますか？
- 目標に対して不安なことはありますか？
- その目標を目指すことに合意しますか？

ウォーリー（不安）

具体化
マネジメント

- あなたの今期の目標は何ですか？
- 目標の期日はいつですか？
- 目標を数値化するとどうなりますか？
- 目標達成する上で、何を解決したいですか？
- その目標を達成することで、
  あなたはどんな成長を手に入れられますか？

- その目標を達成したら、あなたや
  あなたのチームにどんなことが起きますか？
- 目標の期日は適切ですか？
- どんな状態になったら、目標達成と言えますか？
- 目標を達成するために、あなたに必要なことは何ですか？
- その目標を達成することは、
  事業の目的にどうつながっていますか？

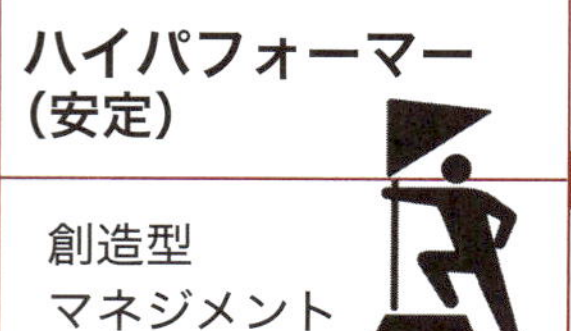

- 目的達成のために、どんな目標をもったら良いですか？
- 中長期の視点でとらえたとき、適切な目標の期日は？
- 目標を達成した時、何が起こりますか？
- 目標達成するために、
  目標があなたにリクエストしていることは何ですか？
- さらに目的に近づくために、
  どんなことを目指したらいいと思いますか？

第4章

質問PDCA
——実践編

PLAN ～道筋を明確にする～

「PLAN」6×5の基本質問

PLANとは、目的・目標を達成するための**「行動計画」**を立てること。
どのように目的・目標を達成するか、道筋を明確にするステップです。

ここで注意しなければならないのは、PLANがスケジュール管理表やタスク管理表にならないようにすることです。PLANとは、すべきことをすべて書き出したり、自分のスケジュール管理をしたりするためのものではありません。必ず、目的・目標を達成するための計画になっているかどうかという視点で作成してください。

ではまずは、PLANを部下に考えてもらうにあたり、「6×5の基本質問」を確認しましょう。それがP95です。この質問をベースに、よりPDCAサイクルを加速させるための重要なポイントを説明していきます。

xDrive
「PLAN」6×5の基本質問

ルーキー（新人）
確認型マネジメント

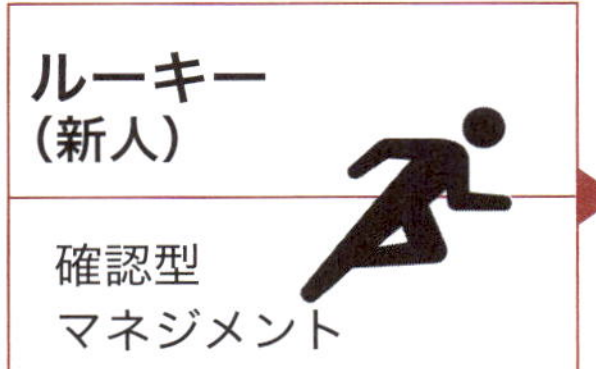

- 目標を達成するために、やった方がいいと思う行動は何ですか？
- AとBならどちらが目標達成により効果的ですか？
- 目標達成のために誰かの力を借りる必要はありますか？
- 誰に何をどのように依頼しますか？
- 何を、どのように、どのくらい、いつまでに実行しますか？

ウォーリー（不安）
具体化マネジメント

- どんなことをすれば、目標を達成できると思いますか？
- 目標達成のためには何から手を付ければいいと思いますか？
- 目標達成の為に誰の力を借りたら効果的ですか？
- 力を借りるためにあなたがすることは何ですか？
- 具体的にはどんな行動をしますか？

シーソー（変動）
自分ごと化マネジメント

- どのように目標を達成しますか？
- 目標達成するために鍵を握る事柄は何ですか？
- 目標達成するために、どのようなリソースが必要ですか？
- リソースはどのように活用しますか？
- 最初の一週間の具体的な行動計画は何ですか？

ハイパフォーマー（安定）
創造型マネジメント

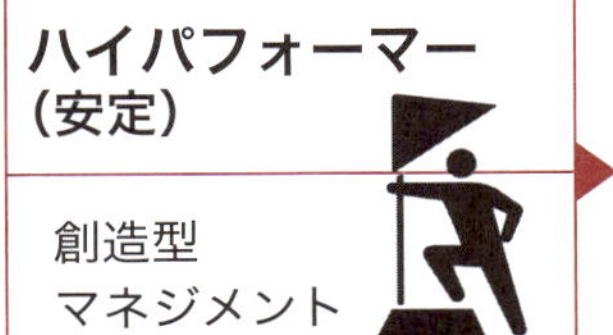

- 目標を達成するためにはどんなストーリーが必要ですか？
- 目的・目標に向かって順調かどうかは何によって判断しますか？
- 目標達成の確率を高めるために必要なものは何ですか？
- 必要なものはどのように手に入れますか？
- 具体的にはどのように進めますか？

PLANを作る3つのコツ

では実際に、部下が目的・目標を達成することができるPLANとは、どのように作り、上司が質問でサポートしていけばいいのでしょうか?

まずその作り方には。次のような3つのコツがあります。

1・急所を押さえる
2・計画修正の仕掛けを入れる
3・徹底的な具体性

1・急所を押さえる

最初に、PLANの幹となる部分を決めます。これが**「急所」**です。

幹になる部分とは、目標を達成するためのもっとも重要な要素。成功のカギを握る、重要な事柄を指します。

これを、私たちは「重要成功要因」と言います。

重要成功要因を効果的に見つけ出すには、はじめから重要なカギを探し出そうとしないこと。**いきなり絞り込まず、まずは「これは目標達成に必要だろう」と思うことを、考えつく限り書き出してみましょう。**

ここでの質問は

「この目標を達成するカギは、何だと思う？」

その上でおすすめは、付せんの活用です。1枚につき1項目ずつ、どんどん書き出します。この段階では、優先順位を考える必要はありません。ひたすら手を動かし、頭に浮かんだことを文字にしていきます。

重要なのは、**思考を柔軟に広げ、よりよいアイデアを導き出す**こと。

書いているうちに、意外と「これもあった！」「そうだ、これもいいな」など、普段あまり考えていなかったことが頭に浮かぶこともあり、実はそういったアイデアこそが、重要なカギとなることも珍しくないのです。

もし、この段階で部下が苦戦しているようなら、

「まず、どんなことに手をつけるべきだと思う？」

という質問で、リーダーがうまく引き出してあげましょう。

出てきた要素がパッとしない内容でも、決して否定しないこと。まずは思考を広げることが大切ですから、「ほかには？」「この前進めた企画にも、ヒントがあるんじゃない？」など、さまざまな角度からアプローチしてあげてください。

十分に思考を広げ、15〜20個ほど書き出したら、絞り込みの作業に入ります。

ここで、急所となる重要成功要因を決めるわけですね。

要素の目安は、**四半期や1か月のPLANであれば3〜5個。あまり多くならないよう、注意しましょう。**

たくさん残しても実行しきれず、結局もっとも大事な急所を落としかねません。

限られた時間の中で、より効果的に目標を達成できる要素に、優先的に時間を注がなければならないのです。

(1) 優先順位づけのポイント

重要成功要因を絞り込む際には、大きく次の3つのポイントで優先順位をつけます。なお、**①から順に優先度も高くなります。**

①インパクト（目標に対してインパクト、影響力の大きい要素）
②スピード（早く実行すればするほど効果の大きい要素）
③やりやすさ（すぐに手をつけられる要素）

①インパクト（目標に対してインパクト、影響力の大きい要素）

もっとも優先度の高い要素は、目標に対するインパクトや影響力が大きいものです。大きな影響力のある要素に力を注がなければ、目標達成が難しいのは言うまでもありませんよね。

もし、これだけで重要成功要因が3～5個に絞りきれた場合は、次の②と③は気にしなくてもＯＫです。

いっぽう、インパクトのある要素だけでは目標達成に到達しそうもない、数が足りない場合や、インパクトのある要素だけで5つ以上の要素が残った時は、②のポイントを加味して考えます。

②スピード（早く実行すればするほど効果の大きい要素）

ここで言うスピードとは**早く着手し実行すれば、それだけ効果が大きくなる要素**を指します。短時間（短期間）で終えられる事柄ではありませんので、混同しないように注意してください。

例えば、「新しい営業マンの採用」などは、まさにスピードがものを言います。採用活動は、早く募集を出せば出すほど、良い人材に出会うチャンスを増やすことができます。

ほとんどの場合は、ここまでの「インパクト→スピード」という2つのフィルターで重要成功要因を3～5個に絞りきれますが、それでも難しい時は、さらに③のポイントを加えて検討しましょう。

③やりやすさ（すぐに手をつけられる要素）

最後まで判断に迷う時は、パッと手をつけられる要素――つまり、**いますぐにでも実行できる事柄**を選びます。

すぐに手をつけられるということは、うまくいけば効果も早く出るからです。

例えば、インパクトやスピードで甲乙つけがたい２つの要素があるとします。

「Ａ・すでに何度か試みている取り組み」

「Ｂ・はじめての取り組み」

この場合、Ａを選ぶのがマル。

Ａは過去に経験のある試みですから、すぐに手をつけられます。それに対し、はじめての取り組みであるＢはさまざまな準備が必要になり、手をつけるのが遅くなる可能性がありますよね。

(2)優先順位づけで起きやすいミス

先述の通り、３つの優先順位づけのポイントは必ず順番を守らなければなりません。よくあるのが、手軽な要素から始めてしまうケースですが、これは優先度のもっとも低い③ですから、目標を達成しにくくなってしまいます。つまり、PDCAサイクルの失敗につながる可能性が高い。

手軽に始められることは、パッと思いつきやすい上、すぐに取りかかれる利便性があります。それだけに勘違いしやすいため、気をつけてください。

また、スピード重視と言って、目の前の業務に引っ張られるのもよくあるミス。スピードの意味をはき違えると、突発的な仕事に振り回されかねませんので、この点も要注意です。

あくまでも、**最重要ポイントは目的・目標達成に対して「インパクトの大きい要素」。**これを、肝に銘じておきましょう。

そしてもう1つ、「インパクトの大きい要素の勘違い」も、よくあるケースです。実際にはそれほどインパクトはないのに、大きなインパクトがあるように思い込んでしまう。要は、部下の認識にズレがあるわけです。

うまくその見極めができないと、たいして重要でない事柄を急所として認識してしまいます。

これは、経験の浅い部下であれば仕方のないこと。ある程度の習熟度に達するまでは、上司が細やかにフォローしてあげてください。

(3) 質問を使って幹を明確にする

部下が挙げた重要成功要因に疑問を感じる場合は、

「これを選んだ理由は何?」

「どうしてそう考えたの?」

「この要素に力を入れることで、どんな成果につながりそう?」

「目標を達成するには、何が一番大きなカギを握っていると思う?」


といった質問で部下の思考を確認し、**勘違いの原因を見つけて修正することで、PLANの幹がズレないようにアプローチ**します。

もし、質問を投げかけた時「いや…」「何となく…」など、回答にならない言葉が返ってきた時は、そもそもインパクトの意味を理解していない可能性大。早い段階で問題が見えてよかったと考え、インパクトが大きい要素とは何か、目的・目標の部分から再度一緒に確認し、教えてあげてください。

重要成功要因の洗い出しをやり直す際には、急所を絞りきる前の候補から、改めて一緒に確認してみましょう。はじめに挙げた候補にはカギとなる要素が入っていたのに、見誤って重要度の低い候補を選んでいることもよくあるからです。

ただし、候補の中にカギとなる要素があったとしても、上司が「これだよ」とすぐに教えるのはＮＧ。**部下が自分で考え、「これなら達成できそうだ！」と納得できなければ、成長できない**からです。

まずはあらためて自分で選び直してもらい、それでも期待と違った選択をした場合や、観点にズレを感じた時は、先にご紹介した

「なぜそれを選んだの？」

「この要素に力を入れたら、どんな展開になるかな？」

といった質問で、改めて部下の思考を確認してください。その上で、より良いものを選べるよう、さらなる質問で考えを深めさせるといいでしょう。

いっぽう、選別前の候補にも重要成功要因となりうる要素が上がっていない場合は、次のような質問によって気づきのきっかけを作ってください。

「これだけで十分かな？」

「ほかに、どんな要素が必要だと思う？」

「うまくいっている先輩は、どんなことに力を入れているだろう？」

「この要素に力を注いだ場合、いつまでにどんな効果が出ると思う？」

こうした質問で追加の候補を出してもらい、そこから再び、重要成功要因の絞り込みを行います。

いずれにしても、**重要成功要因の決定は、ＰＬＡＮがすべて完成する前に行うこと**。ＰＬＡＮが完成した後に、上司が「これはダメ」「やり直し」とちゃぶ台をひっくり返すと、部下の反感を買う原因になってしまいます。

部下との良好な信頼関係を保つためにも、修正は早い段階で行うのが鉄則。必ず、ＰＬＡＮの幹を決める段階でチェックしましょう。

2・計画修正の仕掛けを入れる

人間は基本的に、頭を悩ませたことは変更したがらない傾向があります。つまり、考え抜いたPLANであればあるほど、その計画を捨てられなくなる。計画通りにいかないことがあっても、何とか帳尻を合わせようとするのです。

例えばスケジュール通りにいかない場合、本来は、その要因を把握した上で計画を見直す必要があります。それを、計画を見直したくないからと無理なリスケジュールで強行すれば、どこかで必ずひずみが生じます。

実行すべき事柄を端折ったり、丁寧に対応すべき案件を短時間で終わらせたりすれば、どんなにうまくいく計画を練っていても失敗するでしょう。

確かに、計画そのものや、計画通りに実行することはとても重要です。

けれども、**もっとも重要なのは目的・目標。**

固執すべきは結果であり、計画にこだわってはいけません。どれほど苦労して立てたPLANであっても、「このままでは目標を達成できない」と思ったら、躊躇なく変更しなければならない。

だからこそ、はじめから**「PLANは修正するものである」**ということを前提に、ある仕掛けを入れておくわけです。これが、2つ目のコツです。

(1)修正を前提とした仕掛けとは?

PLANに入れる仕掛けとは、
◆**効果測定日**(目標とする成果が順調に出ているかを確認する日)
◆**効果測定指標**(確認する指標)
の2つです。

最初に決めた重要成功要因を実行したとして、「いつまでに」「どのような変化」が起きれば、目標に対して順調に効果が出ていると言えるか。それを測定する期日と、到達すべき指標です。

効果の測定は、できるだけ週単位で設定するのがポイント。うまくいかなかったとしても、1~2週間のズレであればリカバーしやすいからです。これが1か月くらい空くと、修正はほとんど不可能になってしまいます。

では実際に、例を見ながら確認していきましょう。（P109）

ある営業担当者が1か月の目標を立て、それを達成するために「新規開拓」「既存顧客への追加提案（５００万円の追加契約）」という重要成功要因を挙げました。

それぞれの重要成功要因に注力し、まずは「いつまでに」「どのような変化」が起きたら6月の目標を達成できるかを考えます。

その結果、新規開拓においては、６月24日の時点でクロージング面談（契約の意思決定を行う面談）５件の完了が必要だと考えました。既存のA社、B社に行う追加提案に関しても、６月24日までに追加契約について、決定権者（社長）の意思決定ができればＯＫとします。

この場合、どちらの重要成功要因についても、効果測定日は6月24日。

効果測定指標は「新規のクロージング面談5件」「A社、B社の意思決定（５００万円の追加契約）」です。

このように、**効果測定指標は金額や個数など、数字で確認する**のがベストですが、どうしても数字にできない場合は、実現したい状態であらわしてもかまいません。

した」となりやすいのです。

ただ、実はうまくいかなかった時に振り返りをしてもらうと、本人も失敗の理由をきちんと理解していることがよくあります。

「測定日の段階で指標に達していなかったのが、失敗の原因だと思います」

後で振り返ればわかることも、なかなか途中で修正できないのが人間。それをいかに修正できるかが、PDCAサイクルの結果を大きく左右する肝なのです。

(2)問題発見のタイミングを設定する

1か月の成果を振り返る際、部下からこのような言葉が出てきたことはありませんか?

「前半で失敗がありました」

私もよく、**「このPLANではうまくいかないと気づいたのはいつ?」**という質問を部下にするのですが、往々にして早い段階の日付を言います。

先ほど例に挙げた営業部であれば、10日や17日ですね。

そういう時、**「もし戻れるとしたら、いまだったらどんなふうにＰＬＡＮを変更している？」**と聴くと、たいてい「あの時こうしていれば」という行動をきちんと考えて言葉にできます。

実はこのようなやりとり、ＰＤＣＡサイクルを取り入れている企業の８割以上で見られます。つまり、逆にこの**「問題に気づいた時点」で失敗をカバーする行動に出ていれば、ほとんどの部下は目標を達成できる**わけですよね。

だからこそ、気づきのきっかけとなる測定日と指標を設定しておくこと。**測定日に、指標通りに進んでいない場合は、ＰＬＡＮをすべて見直す。**そんな心づもりでいることが大事なのです。

問題を発見したら、すぐに修正する。そのアラームがきちんと発動する状態にしておけば、問題に気づくタイミングも早くなりますよね。

早く問題を発見できれば、それだけＰＬＡＮも修正しやすい。見てみぬふりをすると、それこそ後が大変なのです。

そして、その早く問題を発見し解決するカギが「フロントヘビー」の考え方です。

(3) 問題の発見を早くする「フロントヘビー」

フロントヘビーとは、計画の前半を重くすること。1か月のPLANなら、**前半の指標ほど厳しい内容に設定し、後半の指標は余裕を持たせる**わけです。

前半を重くすることのメリットは、**早い段階で問題を発見でき、そのぶんリカバーしやすい**点にあります。

先の営業部の例で言えば、5月11日の時点で問題が露見したとしても、まだその月は残り3分の2ありますから、修正する余地は十分あります。

ですが、もし前半の指標をゆるく、後半で厳しく設定していたらそうはいきません。25日の時点でうまくいかないことがわかっても、その月は残り5日しかないため、挽回できる可能性は限りなく低いでしょう。

そうならないためにも、計画における指標は前半ほど重く。これが鉄則です。

フロントヘビーを取り入れる上でのポイントは、必ず**「後ろから逆算」**することです。

例えば、次のような感じですね。

「今月の最終目標として、5月31日までに契約を3件決めなければならない」

←

「25日までにクロージング面談を3件」

←

「キャンセルが出ることを見越し、18日までに担当者の合意が5件必要」

←

「11日の段階で、新規開拓を20件回っておかなければならない」

ちなみに、PLANの設計でありがちなのが、このような思考です。

「11日までだと、新規訪問に回れても10件だろうな…とりあえず、11日までは10件にしておこう」

このように、人は直近の指標を甘く設定してしまいやすいのです。

目の前の指標はひとまず実現可能なゆるい指標にし、難しいことは「後で頑張れば、何とかなるよね」と先延ばしにするということですね。

目先の感覚で指標を決めてしまうと、結果的に目標を達成できる可能性が低くなります。

計画を立てる時に、必ずフロントヘビーを意識すること。目標から逆算し、直近の指標ほどチャレンジングな設定にしてくださいね。

3・徹底的な具体性

実は、**ＰＤＣＡサイクルの中でもっとも難しいのは「ＤＯ（実行）」**です。

ＰＤＣＡサイクルでは、ＰＬＡＮの次にＤＯを行うわけですが、先述の通り、実行には大きな労力を必要とします。せっかくやると決めて行動計画を立てても、うまく実行できないケースが少なくないため、「実行の壁」を乗り越える秘策が必要になるわけです。

そして、そのカギを握っているのが、**ＰＬＡＮの具体性**です。

ＰＬＡＮが曖昧なままだと行動しにくいため、**「やるべきことがすべて見えるレベル」**まで細分化して、ＰＬＡＮを具体化していきます。

その際に活用できるのが、「７Ｗ２Ｈ１Ｇ」の視点です。

（1）具体化は「7W2H1G」で

７Ｗ２Ｈ１Ｇとは、情報をより具体化して伝達する時のポイントで、（Ｐ119）のような視点を指します。

例を挙げてみましょう。

あるエステティックサロンで、「お客さまとのコミュニケーション強化」という目標を立てました。これだけでは漠然としていて、「いつから」「何を」「誰が」「どのようにする」のかわかりませんね。

そこで、次のように細分化していきます。

7W2H1G

徹底的な具体性をもたらす
「7W2H1G」

W WHY
なぜ・何のために

G GOAL
どの状態へ

W WHEN
いつ・いつまでに

W WHERE
どこで

W WHO
誰が

W WHOM
誰に対して

W WHAT
何を

W WHICH
どちらから

H HOW
どのようにして

H HOW LONG
HOW MUCH
どのくらいかけて

「さらなる顧客満足度アップのために、すべてのお客さまに電話をかける」

「電話は、○日までに終わらせる」

「お客さまには、いまのサービスに対する感想をヒアリングする」

「電話をかけるのは、営業のAさんとBさん」


もう1つ、別の例です。

ある営業チームで、目標達成のための重要成功要因について話し合っている時、このような意見が出ました。

「新規訪問の強化をします」

これだけでは具体性に欠けますので、次のように細分化していきます。

「3日までに100件のターゲット先をリストアップする」

「5日までに、新規アポイントを10件取る」

「新規アポイントは、AさんとBさんで5件ずつ獲得する」


いかがでしょう？　ずいぶん具体的になりましたよね。

徹底的な具体性というのは、このように、やるべきことがすべて見えるレベルまでかみ砕くこと。「ＰＬＡＮは決まったけれど、具体的に、いつから何をすればいいの？」ということにならないよう、**ＰＬＡＮを見ただけで行動内容がすべて見通せる**ようにします。

やるべきことを、すべて確実に実行できるかどうかは、ＰＬＡＮ次第。ＰＬＡＮが実行されないまま終わらないよう、とにかく**実行レベルにまで細分化**することを意識してください。

実行内容をより具体的にし、より行動に結びつけやすいＰＬＡＮにすれば、必ずＰＤＣＡサイクルの効果性は高くなります。ぜひ、覚えておいてください。

(2) 成果を出す人が絶対に言わないこと

私がさまざまな企業やビジネスパーソンを支援していて感じるのは、**成果を出し続けているハイパフォーマーは常に具体的だ**ということです。

そのことが、使う「言葉」にもよくあらわれています。

成果を出している人は、絶対に次のような言葉を使いません。

「〜〜を心がけます」

「〜〜を頑張ります」

「〜〜を意識します」

その代わりにどんな言葉を使うのかというと、例えばこのような感じです。

「○○部長、来週から、毎週金曜日の16時から30分間、1週間の行動計画を相談させてください。自分で作成した翌週の行動計画表をもとに修正点を明確にし、翌週分のＰＬＡＮを改善します」

非常に具体的であり、単に「部長とよりコミュニケーションを取り、アドバイスを受けるよう心がけます」と言うのとは、ずいぶん印象が違いますよね。

常に具体的でいられるかどうか。これが、まさに成功の秘策なのです。

では、具体的な人はどうして成果を出せるのでしょうか？

それは、先ほどから繰り返しお伝えしているように、行動しやすいからです。

よく「仕事は、やる気が重要だ」と言われます。確かに、仕事にモチベーションは欠かせませんが、それだけでは残念ながら成果にはつながりません。

大切なのは、行動できるかどうか。

具体的に考えられる人は、自分が行動しやすくなるコツを知っているということ。

だから素早い行動ができ、成果を出せるのです。

DO～効果的に実行する～

「DO」6×5の基本質問

DOとは、目的・目標を達成するための行動計画を実行することです。

ここでもっとも注意すべきは、ただ1つ。

「実行を目的にしない」ことです。

実行だけが目的になってしまうと、「とりあえず実行したからいいよね」という認識に陥りやすいからです。実行を目的化させず、みずから動くきっかけをつくる、「ＤＯ」６×５の基本質問はＰ125を確認してください。

実行を目的にしない

「実行が目的」になってしまう、わかりやすい例を挙げてみましょう。

ある会社で、幼児向けの学習塾を新規オープンさせることになりました。そこでオープンにさきがけ、みんなでチラシを1万枚配ることにしました。

チームのメンバーは5人ですから、1人あたり２０００枚配ることになります。

Ｈさんはやる気があるので、「絶対にこれをやるぞ」と決めましたが、だんだん時間がなくなってきて焦ります。疲れはありましたが、「必ず２０００枚やるぞ！」と、近くにあった大きなマンションにポスティングしました。結果的には２０００枚を配り終え、Ｈさんは達成感に酔いしれました。

その後、学習塾がオープン。チラシの効果はどうだったかというと――目標には程遠い契約件数にとどまってしまいました。

xDrive
「DO」6×5の基本質問

・実行する上での不安は何ですか？
・不安を取り除くには、どのような工夫が必要ですか？
・実行することで、あなたが得られるものはありますか？
・もし、実行しなかったらマイナスな出来事はありますか？
・何が、あなたの実行を妨げましたか？

・この行動の目的と目標は何ですか？
・目的と目標を達成するためには
　どんな行動の工夫が必要ですか？
・あなたが行動できないとしたら、どんな時ですか？
・あなたの行動を促進してくれるものはどんなものですか？
・実行しなかったことで、目標に対して
　どのようなマイナスの影響が出ましたか？

・その行動は、目的に対して効果的ですか？
・効率より効果を考えたら、どんな行動を選択しますか？
・結果を担保できる行動量になっていますか？
・リスケジューリングの仕組みは入っていますか？
・ハイパフォーマーであればどのように挽回しますか？

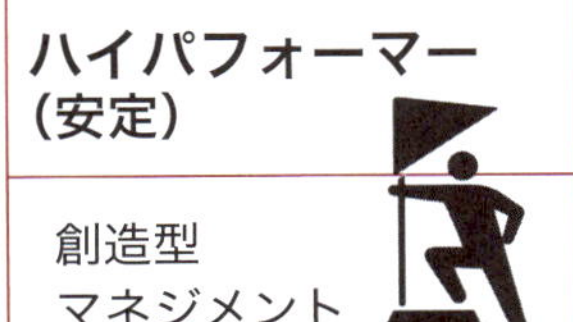

・実行の精度は何で測りますか？
・目的への効果性を考えたら、どんな行動になりますか？
・時間予算と生み出したい成果を考えたとき、
　どんな行動が最も効果的ですか？
・行動計画を妨げるものをどのように解決しますか？
・今後、必ず実行するためにはどのような仕組みが必要ですか？

このようなケース、本当によくあります。

確かに、頑張って行動したのは事実でしょう。でも、Hさんが最後にまとめてチラシを配ったマンションは、戸数は多いけれど、一人暮らし用のマンションだったとしたらどうでしょう？　それでは、幼児向けの学習塾に関心がある人が少なさそうなので、効果は出にくいですよね。

つまり、その行動はいったい何のためかという、目的・目標が抜け落ちていることに気づいていないわけです。

Hさんは本来、契約の獲得を目的・目標にチラシを配り始めました。ところが、いつの間にかチラシを配ることが目的になってしまい、配り終えただけで満足してしまった。

そうすると、「配ったけどダメだった。すべきことはしたんだから、仕方がない」という思考につながるわけです。

実行には「高い精度」が求められる

実行には、常に高い精度が求められます。

高い精度とは「目的・目標に対して効果的か？」という視点です。

Hさんが「目的・目標」に対して高い精度をもったポスティングをしていたらどうでしょう？　幼児向けの学習塾なのですから、対象児童の多い住宅地でチラシを配ったはずです。時間がないからといって、戸数は多いけれど、学習塾に関心のない可能性が高い人たちが住んでいるマンションでポスティングをしても、契約に結びつくはずがありませんよね。

さらには、上司が「実行は精度の高さがポイントである」ということを知らないでいると「チラシ1万枚じゃ足りなかったかな？　次はもっと増やそうか？」という、ますます間違った方向へ改善策が進みかねません。

少し話がさかのぼりますが、精度高く実行するには、PLANでの効果測定指標に「行動の完了を入れない」ことも留意しておくといいでしょう。単に行動を完了すればいいのではなく、**行動の結果、「どんな状態になればいいか」を指標にする**ことが重要なのです。

また、例えば営業能力を高めるために「毎朝、プレゼンの練習を30分ずつ行う」という課題を決めて実行するとします。こうした訓練の結果は、わかりやすい形で簡単にあらわれるものではないため、実際に効果が得られるまで、少し時間がかかると予想されますよね。

すると、いつの間にか目的や目標を忘れ、そのプレゼンの練習を実行しただけで終わってしまう。結果が出ていなくても、決めたことを実行したことで満足してしまうわけですね。

そうならないように、**効果測定日が少し遠い場合は、より意識的に目的・目標をリマインドする**ことも大切です。

実行することは、PLANを作る以上にパワーがいります。

だからこそ、いつの間にか「行動＝目的」になりやすい。そのことを熟知し、目的・目標に沿っていない行動にもかかわらず「実行したからいいや」と思わないよう、十分に気をつけましょう。

なお、部下の実行精度を高めたい時には、「6×5の基本質問」に加えて

「どんな工夫をしたら、目的・目標に効果的な行動になるだろう？」

「その行動で、目的・目標に近づいているかな？」

といった質問も効果的に使いながら、リーダーがうまく誘導してくださいね。

CHECK～まずは事実を振り返る～

「CHECK」6×5の基本質問

CHECKでは、行動した結果、目的・目標に対して順調に進んでいるかどうかを検証します。**順調な場合は、何がうまくいっているのか。問題が発生した時は、**

何が起きたことでうまくいっていないのか。それを確認するわけですね。

「ＣＨＥＣＫ」６×５の基本質問はＰ131を確認してください。

事実にフォーカスする質問で「現状把握」

ＣＨＥＣＫでは、大きく**「現状把握」「要因分析」**という２つのステップがあります。

まずは第１ステップ・現状把握について、ダイエットの例で考えてみましょう。

あなたは、３か月で５kgやせたいという目標を立てました。

この目標に対して、具体的に行うことを次のように２つ計画しました。

①１日の摂取カロリーを１４００㎉に抑える。

②毎日30分のウォーキングを行う。

２つの行動計画（ＰＬＡＮ）を実行（ＤＯ）し、１週間が経過しました。そうすると、確認したくなることがありますよね？

そう、成果の結果である「体重チェック」です。ダイエットの効果がどれだけ出

xDrive
「CHECK」6×5の基本質問

ルーキー
(新人)

確認型
マネジメント

・目標と現在の実績は？
・現状を数値であらわすことはできますか？
・今、何が起こっているかは明確ですか？
・活かしていきたい成功事例はありますか？
・うまくいっていること、苦戦していることは何ですか？

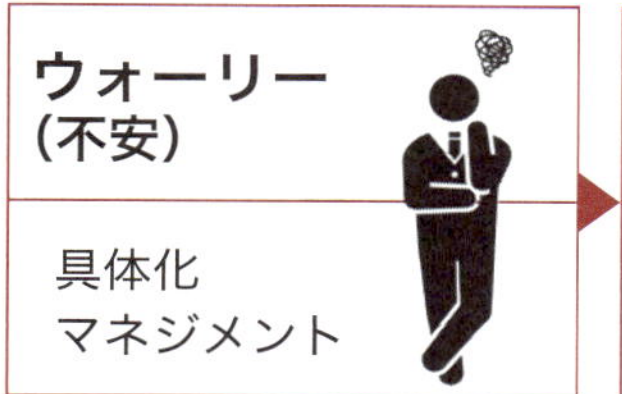

ウォーリー
(不安)

具体化
マネジメント

・目標に対して、現在のGAPは？
・現状を数値化すると、どうなりますか？
・今、どんなことが起こっていますか？
・今後に活かすとしたら、何を活かしますか？
・何があれば、あるいはどのようにしていれば
うまくいっていたと思いますか？

シーソー
(変動)

自分ごと化
マネジメント

・今の目標達成の見通しは悲観的に見るとどのくらいで、
楽観的に見るとどのくらいですか？
・現状は、具体的にはどんな状態ですか？
・どんな事柄が課題になっていますか？
・もう一度最初に戻れるとしたら、どんな行動をしますか？
・現状を生み出している事象と事象を生んでいる理由は？

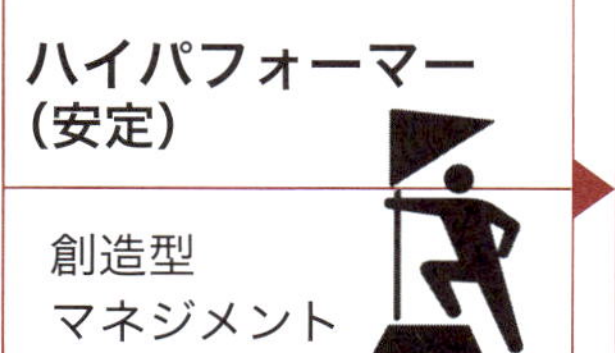

ハイパフォーマー
(安定)

創造型
マネジメント

・今の目標達成の見通しは？
・現状は、実現したい状態に対して、どんな状態ですか？
・中長期的な視点で見て、
最も解決すべき事柄はどんなことですか？
・中長期的な視点で見て、伸ばすべきチームの強みは何ですか？
・何が要因ですか？

たか知るために、あなたは体重計に乗ります。

体重計に乗れば、順調に体重が落ちているか一目瞭然です。

「目標体重に対してどこまで体重が減ったか」

「どのような変化が起きたか」

「目標までどれくらいGAPがあるか」

こうした結果を、**目標対比で確認するのが「現状把握」**です。

ダイエットをすれば、結果がどうなったか知るために、普通は体重計に乗りますよね。ところが、仕事となるとなぜか体重計に乗り忘れてしまう。

体重計に乗ることが現状把握なのに、

「1日の摂取カロリーを1400㎉に抑えられただろうか?」

「毎日30分歩けただろうか?」

という、**「行動できたか否か」を現状把握と勘違いしているケース**が多いのです。

もちろん、PLANの通り実行することは大事です。でもそれは、実行の段階で確認すべきこと。**CHECKは実行後の検証**ですから、行動した結果を、目標対比で把握しなければなりません。

CHECKという言葉が「できたかどうかチェックする」というイメージを生みやすいのかもしれませんが、くれぐれも、この点を間違えないようにしてください。

適切な体重計を持つ

体重計に乗るとは、単に現状把握をすればいいわけではありません。適切な体重計を持つ――つまり、最終目標に対する現状把握でなければならないわけです。目標が売上や利益であれば、その売上や利益に対し、**その後の見通しも含めた、現在地を確認する**必要があります。

例えば、月間の売上目標が1000万円のAさんとBさんがいるとします。ちょうど1か月の中間地点である15日に、それぞれ現状を確認したところ、AさんもBさんも売上は500万円でした。

この結果だけを見ると同じですが、実はその背景には大きな違いがあります。

Aさんは、契約が決まると見込んでいたクライアントからキャンセルが出てしまい、ほかに契約が取れそうな案件は進んでいません。

いっぽうのBさんは、ほぼ契約が決定しそうな案件があと3社あり、それらを合計すると700万円です。ほかにも、うまくいけば契約が決定しそうな案件が進んでおり、さらに売上は伸ばせる見込みです。

当然ですが、1000万円の目標に対する2人の現在地、同じとは言えませんよね。

PLANで掲げた効果測定指標が順調に進捗しているかどうかを確認する時は、表面的な数字だけで単純に目標対比してはいけません。常に**潜在的な数字も見ながら、最終的な目標と対比**しましょう。

主観ではなく客観で

○kgやせるという「数字」で目標を立てたダイエットであれば、体重計に乗って現状把握をしますよね。目標の数値があるのに、「やせた気がするから、ダイエットは順調だ」「太った気がするから、ダイエットは失敗だ」と感覚で判断することはないと思います。

このように、目標を具体的な数値で掲げている場合は、現状把握も必ず数値で測ること。自分の主観ではなく、事実を目標対比で確認します。

数値ほど客観的なものさしはないため、現状把握は数値で確認するのが基本。

ところが、体重計に乗ることを避ける人がいます。

例えば私の知人は、ダイエットを実行しても、なかなか体重計に乗ろうとしません。「もうちょっとやせたら乗る」と言う（笑）。

こうした例からもわかるように、うまくいっていない時には「結果が明らかになるのが怖い」という意識が働きやすいため、現状把握が抜け落ちやすくなります。良い結果が出ないことに薄々気づいている時ほど、体重計に乗りたくないわけです。

ですが、現状を把握しなければPDCAサイクルは回りません。

私の知人の場合も、まずは体重計に乗って現在値を把握するところから始めるべきなのに、「まだやせていないから」と逃げる。反対に、ちょっと効果が出始めると、毎日でも体重計に乗ります（笑）。仕事もこれとまったく同じなんですね。

目標に向かって調子よく進んでいる人は、毎日でも現状把握をしたがります。

逆に、うまくいっていないと感じている人は現状把握を避けたがります。できれば永遠に、事実と向き合いたくないと思っているのです。

目標対比で正確な現在値を把握することからしか、目標達成は始まりません。

もしみなさんの周りに、現状把握を怖がっている部下がいたら、

「いま、目標に対してどんな状態？」

「目標に対して、どこまでできている？」

など、**「目標に対して」という言葉**を入れた質問で、現状把握のきっかけを作ってあげましょう。

WHATとHOWで「要因分析」

次に、CHECKの第2ステップである要因分析について確認したいと思います。

ここでも、ダイエットの事例を使って考えてみましょう。

あなたは体重計に乗り、目標体重に対する現在値を確認しました。すると、2つ

の重要成功要因をきちんと実行したにもかかわらず、なんと体重が減るどころか、1kg増えているという事実がわかりました。

この後、あなたなら何をしますか?

「摂取カロリーをもっと減らす」

「糖質制限をする」

「歩く時間を増やす」

「新たに筋トレを追加する」

このような対策を打ち出すかもしれませんね。ですが、ちょっとストップ。

実は、具体的な改善策を出すのは次のACTIONで、ここではほかにすべきことがあります。

それが、体重が増えた**理由を考える「要因分析」**です。

どんな結果も、偶然に生まれるわけではありません。**良い結果でも、悪い結果でも、そこには必ずその結果を引き起こした要因があります。**

この「要因」をまず探すこと。その上で、より効果的な改善策を考えることで、ACTIONのステップに効果的につながるのです。

ＡＣＴＩＯＮで改善策がなかなか浮かばない。あるいは、いつも同じような改善策しか思い浮かばない方は、ＣＨＥＣＫにおける要因分析が不足している可能性が高いと考えられます。

では具体的に、どのように要因分析をすればいいのか説明します。

要因分析の際に行う質問と言えば、ＷＨＹを使った「なぜうまくいったの？」「なぜ失敗したの？」という言い回しがすぐに思い浮かぶと思います。

ですが、この言い回しは便利ですぐに使える半面、具体的な事実を探るにはあまり適していません。

そこでＷＨＹはちょっと封印し、

「WHAT」

「HOW」

の２つを使って質問を作ります。

例えば、部下に

「何があったからうまくいったんだろう？」

「それは、どんなふうにしたらうまくいったの？」

と聴けば、結果に良い影響を与えた事実を探して答えるはずです。

「なぜ？」と聴くより、具体的な事実が出てきやすいのです。

いっぽう、うまくいかなかった場合、「なぜダメだったの？」と聞いてしまうと、部下は「私の責任感が足りませんでした」「注意不足でした」など、抽象的な言葉で反省をしてしまう可能性が高くなります。

かといって、「何があったからうまくいかなかったと思う？」「何が妨げになったと思う？」という質問をすれば、部下に「どんなふうに失敗したのか」というエピソードだけを聞き出すことになり、相手に苦痛を感じさせてしまいます。

そこで、この場合は

「もし実行前に戻れるとしたら、何をすることでうまくいったと思う？」

「○月△日に戻れたら、どんな行動をする？」

という聴き方をします。過去には戻れませんが、**「もし」という仮定で話しているうちに、次に活かせる発言が出てくる**ことがあるからです。

「もっと早くお客様に連絡します」

「メモを残しておきます」
「先に資料を送っておきます」

こうしたよい改善策が出てきた時には、ぜひＡＣＴＩＯＮで採用しましょう。

部下への質問の目的は、反省を促すことではありません。

目的・目標を達成するための質問ですから、そこから未来に向けて、よい改善策を見出せるようサポートしてあげてくださいね。

ＡＣＴＩＯＮ〜改善策はシンプルに〜

「ＡＣＴＩＯＮ」６×５の基本質問

より早く、より効果的に目的・目標を実現するために、次のＰＬＡＮをどのように改善すればいいかを考えるのがＡＣＴＩＯＮです。

ここでは、ＣＨＥＣＫで行った現状把握や要因分析を踏まえて方向性を決めます。

xDrive
「ACTION」6×5の基本質問

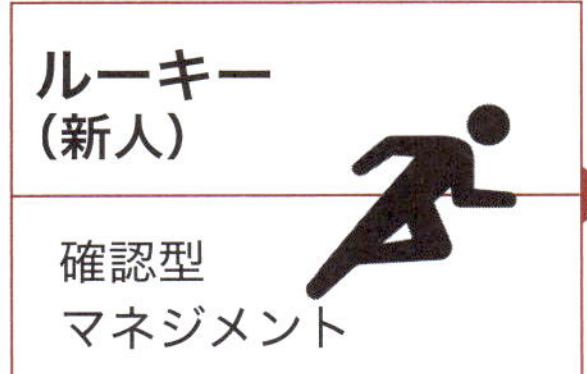

ルーキー（新人）

確認型マネジメント

- 残りの期間で目標を達成するために、何を追加し、何を継続しますか？
- 効果的な行動はありましたか？
- 行動を変えることで、不安なことはありますか？
- 計画を修正するタイミングは決まっていますか？
- 効果が出ていないことは何ですか？

ウォーリー（不安）

具体化マネジメント

- 残りの期間で目標達成するために、どのようにプランを変更しますか？
- 最も効果を発揮した行動はなんですか？
- 行動を変えることで、どんなことが起こりそうですか？
- 計画を修正するならいつ行いますか？
- 目標達成のために、やめても影響のないことは何ですか？

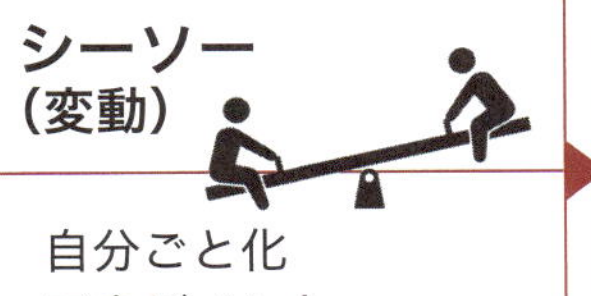

シーソー（変動）

自分ごと化マネジメント

- どんなプランに改善しますか？
- さらに効果を発揮させるためには、何を強化しますか？
- 行動を変えなければ、どんなことが起こりますか？
- 最も効果的な計画修正のタイミングはいつですか？
- 残りの期間で効果的に目標達成するためにやめることは何ですか？

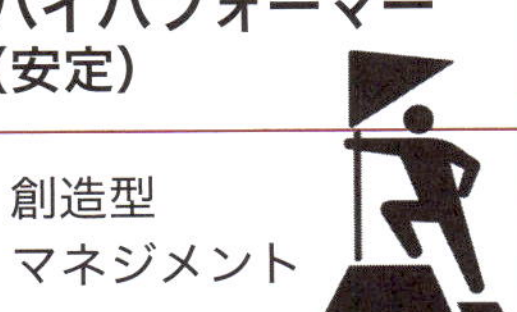

ハイパフォーマー（安定）

創造型マネジメント

- どのように挽回しますか？
- 効果性を考えたら、何をやめて、何に時間を使いますか？
- 変えることによるマイナスはどのようにカバーしますか？
- 計画修正を妨げるものはどのように解除しますか？
- 目標達成への効果と期限を考えると、改善の方向性はどうなりますか？

「ＡＣＴＩＯＮ」６×５の基本質問はＰ141を確認してください。

４つのフレームで決める「改善の方向性」

改善の方向性は、大きく

「追加」
「変更」
「継続」
「停止」

の４種類に分類されます。

先ほど挙げたダイエットの例から見ていきましょう。
あなたは、３か月で５kgやせるという目標のもと、「１日の摂取カロリーを１４００kcalに抑える」「毎日30分のウォーキングを行う」という２つの重要成功要因でダイエットを行いました。

その結果、なんとダイエット前より1kg増えてしまいました。

要因分析を行ったところ、体重が増えた理由は、

「ビールの飲みすぎ」「ごはんなど糖質のとりすぎ」だったとわかりました。


【追加】


体重増加の原因が「ビールの飲みすぎ」「糖質のとりすぎ」とわかったので、あなたは次のような改善策を考えました。

「ビールをやめて、ハイボールを飲む」

「平日の飲酒はやめて、週末のみにする」

「糖質は一日95g以下にする」

これは**最初の行動計画になかったものですので、「追加」**という改善です。


【変更】


毎日30分のウォーキングはダイエットに効果的ですが、あまり結果が出ていないことから、「もう少し時間を長くすれば、より効果的だろう」と分析しました。

「毎日60分のウォーキングを行う」

これは、**当初の行動計画にある内容を「変更」**という形で改善したわけです。

「追加」と違い「変更」は、今行っているPLANの量や質を変えるイメージです。

【継続】

1日の摂取カロリーを1400㎉に抑えることは、ダイエットに効果的であるという分析の結果、**そのまま「継続」**することにします。

【停止】

要因分析を行う中で、あなたはあることに思いいたります。

「ダイエットでストレスがたまり、そのせいで酒量が増えた可能性がある」

そこで、1日の摂取カロリーを1400㎉に抑えることだけ継続して、ウォーキングをやめるという決断をしました。

効果のでない行動計画があれば、「停止」してしまうのも改善の1つです。

以上が改善の方向性です。なお、**4つの方向性は、必要に応じて1つ使ってもかまいませんし、複数を組み合わせてもOK**です。

ＡＣＴＩＯＮの場合は、４つの方向性というフレームに当てはめるだけで整理できますので、リーダーの質問も、

「新たに追加することはある？」

「いまやっていることで変更（強化）したいものはある？」

「どれを継続する？」

「中止した方がいいものはある？」

と聴いていけばいいでしょう。

さらに、**「それはなぜ？」という質問をプラスすることで、部下自身も改善の理由を鮮明に認識できる**ため、より整理されやすくなります。

こうして改善の方向性が決まったら、それを踏まえたＰＬＡＮを再設計し、新たなＰＤＣＡサイクルを回していきましょう。

「質問×PDCA」をサポートツールで最強に

わずか1年で4倍の成果！

リーダーが、質問を使って部下とともに効果的なPDCAサイクルを回す。

そして部下には、自分でPDCAサイクルを回せるよう成長してもらう。

これらを実践するためにもう1つ、お伝えしておきたいことがあります。

それは、**「PDCAマネジメントシート」**というサポートツールの活用です。

人間には、3つの特性があります。


「忘れる」「飽きる」「ラクをしたがる」


人はどんなに素晴らしい計画を立てても、実行し忘れることがあります。

効果測定日や測定指標の設定をし、自発的に取り組んでいても、やり続けることに飽きるかもしれません。

毎週のように改善策を考えることが面倒になり、投げ出すこともあります。

四六時中、上司がこと細かに質問し続けられたら実行されるかもしれません。でも、ずっと部下に張りついているのは不可能ですから、部下自身にＰＤＣＡサイクルを回してもらえるように育てなければならないわけですね。

その方法をこれまでもお伝えしてきましたが、さらにＰＤＣＡマネジメントシートを取り入れることで、格段に部下はセルフマネジメントしやすくなり、上司も、部下のＰＤＣＡサイクルの進捗状況をマネジメントしやすくなるのです。

私は数年前に、営業チームのリーダーを務めていました。その頃に質問でのマネジメントと、ＰＤＣＡマネジメントシートを活用したところ、メンバーが自力で、しかも効果的にＰＤＣＡサイクルを回すようになったのです。

その結果、わずか1年間で売上が4倍に激増した部下もあらわれたのです！

このシートの最大の特長は、ずばり

「上司の代わりに質問をしてくれること」

記入者はシートにある質問（Ｐ149）に答える形で、１週間単位で書き込んでいきます。

「目標達成のカギを握る重要成功要因は？」

「実行の結果、いつまでに（測定日）、どんな効果（測定指標）が出たらいい？」

「それには誰が、何を、いつまでに、どのように、どれくらい実行すればいい？」

「きちんと実行できた？」

「実行した結果、どのように目標に近づいた？」

「より効果的に目標に近づくために、どんな方向性で改善すればいい？」

このように、段階に応じてシート内で細かく質問されますので、記入者はそれに答えるだけでＯＫ。

そして部下には、このシートをこのようなタイミングで提出してもらいました。

①毎日の日報として提出（ＤＯの〇×チェックは必ず追記）

②毎週金曜日中に今週のＣＨＥＣＫ・ＡＣＴＩＯＮを記入し、

翌週のＰＬＡＮに変更があれば記載し提出

③毎週月曜日にチーム会議を実施し、チーム全体のＰＬＡＮに変更があれば、

個々人のシートにＰＬＡＮを追記

④可能な限り週１度はメンバーと１対１で状況を確認

xDrive
PDCAマネジメントシート

「上司からの質問」の代わりとして活用する

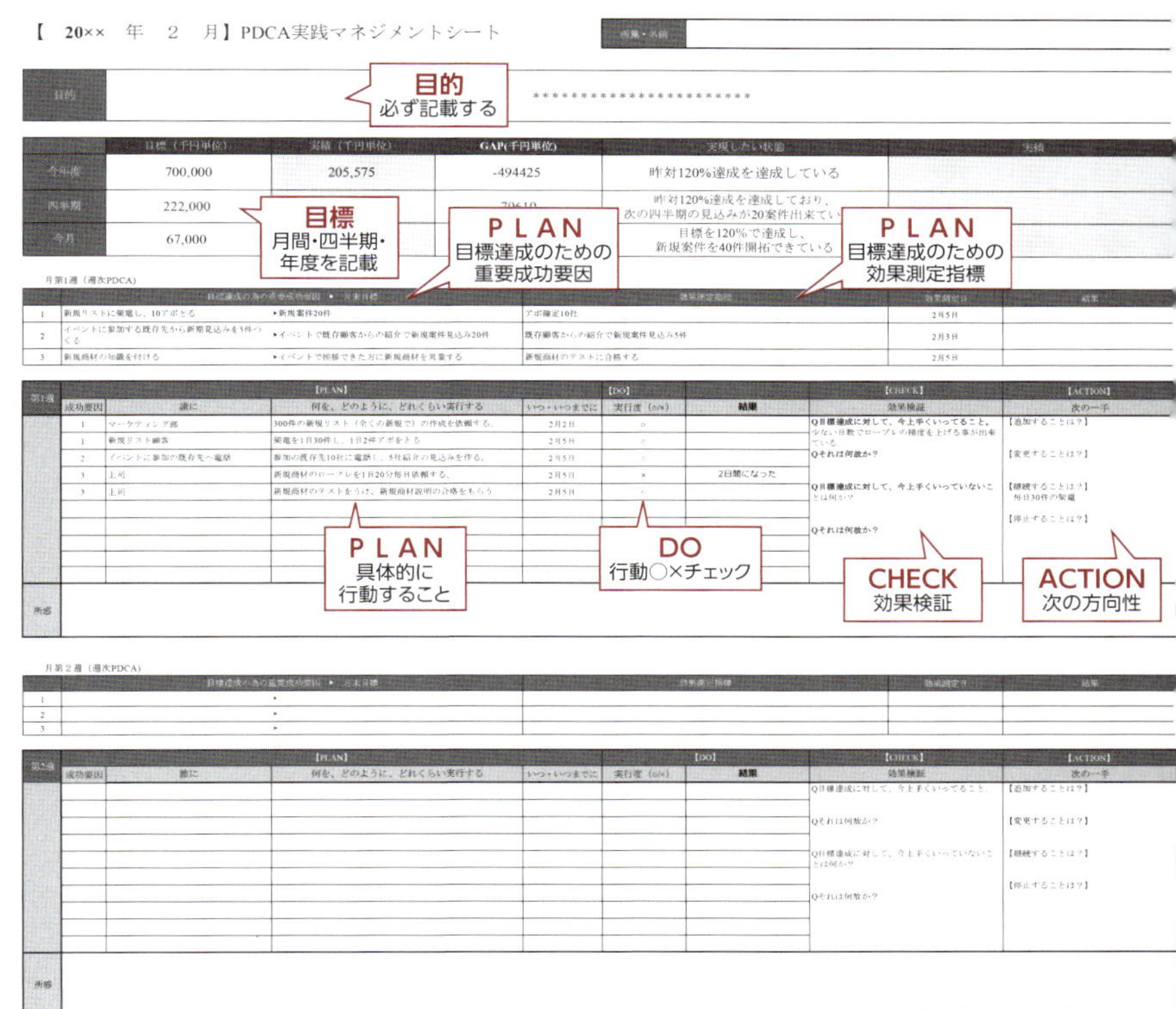

【　20×× 年　2　月】PDCA実践マネジメントシート

所属・名前	

目的	＊＊＊＊＊＊＊＊＊＊＊＊＊＊＊＊＊＊＊＊＊＊＊

	目標（千円単位）	実績（千円単位）	GAP(千円単位)	実現したい状態	実績
今年度	700,000	205,575	-494425	昨対120%達成を達成している	
四半期	222,000		79610	昨対120%達成を達成しており、次の四半期の見込みが20案件出来てい	
今月	67,000			目標を120%で達成し、新規案件を40件開拓できている	

月第1週（週次PDCA）

	目標達成の為の重要成功要因	▸ 月末目標	効果測定指標	効果測定日	結果
1	新規リストに架電し、10アポとる	▸新規案件20件	アポ確定10社	2月5日	
2	イベントに参加する既存先から新規見込みを5件つくる	▸イベントで既存顧客からの紹介で新規案件見込み20件	既存顧客からの紹介で新規案件見込み5件	2月3日	
3	新規商材の知識を付ける	▸イベントで接触できた方に新規商材を営業する	新規商材のテストに合格する	2月5日	

第1週	【PLAN】				【DO】		【CHECK】	【ACTION】
	成功要因	誰に	何を、どのように、どれくらい実行する	いつ・いつまでに	実行度（o/x）	結果	効果検証	次の一手
	1	マーケティング部	300件の新規リスト（全くの新規で）の作成を依頼する。	2月2日	○		Q目標達成に対して、今上手くいってること。 少ない日数でロープレの精度を上げる事が出来ている Qそれは何故か？ Q目標達成に対して、今上手くいっていないことは何か？ Qそれは何故か？	【追加することは？】 【変更することは？】 【継続することは？】 毎日30件の架電 【停止することは？】
	1	新規リスト顧客	架電を1日30件し、1日2件アポをとる	2月5日	○			
	2	イベントに参加の既存先へ電話	参加の既存先10社に電話し、5社紹介の見込みを作る。	2月5日	○			
	3	上司	新規商材のロープレを1日20分毎日依頼する。	2月5日	×	2日間になった		
	3	上司	新規商材のテストをうけ、新規商材説明の合格をもらう	2月5日	○			
所感								

月第2週（週次PDCA）

	目標達成の為の重要成功要因	▸ 月末目標	効果測定指標	効果測定日	結果
1		▸			
2		▸			
3		▸			

第2週	【PLAN】				【DO】		【CHECK】	【ACTION】
	成功要因	誰に	何を、どのように、どれくらい実行する	いつ・いつまでに	実行度（o/x）	結果	効果検証	次の一手
							Q目標達成に対して、今上手くいってること。 Qそれは何故か？ Q目標達成に対して、今上手くいっていないことは何か？ Qそれは何故か？	【追加することは？】 【変更することは？】 【継続することは？】 【停止することは？】
所感								

xDrive
［PDCAマネジメントシート］
以下よりPDFダウンロード可能です
https://go.training-c.co.jp/pdca

私は部下にこの思考を「習慣化」してもらいたかったのでこのタイミングにしましたが、実際は部下やチームの状況に応じて変えるのがベストです。**シートには部下の思考や行動の特性、実行後の現状などがあらわされます**ので、その内容を踏まえ、足りないところや未熟な部分があれば、上司がさらなる質問を部下に投げかけていくことができます。

私は、シートがあるおかげで、**マネジメントにかける時間が大幅に短縮**できました。そして部下も、**「常にこの質問で自ら考える習慣がついた」**ように思います。徐々にシートがない場面でもこの「型」で考えられるようになったからこそ、常に「目的・目標」に向かってPDCAサイクルを回せるようになったのが、成長の秘訣とも言えるでしょう。

PDCAマネジメントシートという「サポートツール」を目的の実現、目標達成のためにうまく使いこなせたからこそ、**短い時間で部下の成長を促し、最小限の労力で強いチームを作り上げられた**のだと思っています。

第5章

やり抜く力を加速する「質問ＰＤＣＡ＋α」

ＰＤＣＡサイクルを回し続ける＝やり抜く力

「意欲と自信」がやり抜く力のカギ

目的や目標を実現するために、具体的に何をするのか自ら考える。

考えたことを、精度高く実行する。

そして実行した結果を検証した上で、より効果的、かつスピーディーに目的・目標に近づくための改善案や修正案を考える。

その改善案や修正案を行動計画として考え、再び実行する。

私はこの、目的・目標を実現するまであきらめず、ＰＤＣＡサイクルを回し続けることを**「やり抜く力」**と呼んでいます。

一人ひとりの部下が、やり抜く力を持つ。それが、多くのリーダーが期待することだと思いますが、実際にはとても難しいことですよね。

PDCAサイクルの考え方さえ頭に入っていればできるというものでもありません し、目的と目標を理解しているだけでは、途中でくじけることもある。

ではやり抜くために、何が必要かと言うと、1つには、すでにお伝えしたように、目的と目標を自分ごと化することで得られる「意欲」です。

そしてもう1つ。やり抜く力には、「自信」が欠かせません。

自信とは、**「自分ならいつか必ず実現できる」という、自分自身に対する信頼**を指します。「実現できる」自分を信じる。それが、やり抜くためには必要です。

白熱電球や蓄音機をはじめ、数々の発明品を世に送り出した、トーマス・エジソンの有名な言葉があります。

「私は失敗したことがない。1万通りの、うまくいかない方法を見つけただけだ」

エジソンは、電球を発明したいという**意欲だけでなく、いつか必ず電球を発明できるという自信があったからこそ**、1万回の失敗にもくじけなかったのだと思います。挑戦し続けていれば、必ず電球を発明できる。誰よりも強く、そう自分を信じていたのではないでしょうか。これこそが、まさにやり抜くための原動力です。

そしてこれは、どの成長フェーズにいる部下にも必要で、伸ばし続ける必要もあるものです。

では、部下のやり抜く力をより加速させるためには、どうすればいいのか？

そのためには、リーダーであるみなさんのアプローチが強い後押しになります。

本章では、部下にやり抜く力を発揮させ、継続させ、強化するために、リーダーが取るべき行動や考え方、具体的なコミュニケーションスキルについてお伝えしていきたいと思います。

一見、質問ＰＤＣＡから離れるように見えるかもしれませんが、そんなことはありません。むしろ、部下を理解し、正しく成長フェーズを理解し適切なマネジメントスタイルを選択するためには、欠かせないこととも言えます。

ぜひ質問ＰＤＣＡ、そして部下の「意欲と自信」にｘＤｒｉｖｅをかける行動の1つとして活用してください。

まずはよき理解者になる

相手の「とらえ方」を知る

誰にでも、かつて上司の言葉によって自分が自信を持ったり、やる気になったりしたことがあると思います。

それと同じことを、自分の部下にもしたり言ったりすることがあるのではないでしょうか？　上司の言葉で「あきらめずに頑張ろう」と思えた経験を活かし、自分が上司になったいま、部下に同じ言葉をかけるわけですね。

もちろん、それが効果的に作用する場合もあるのですが、それはたまたま部下があなたと同じタイプだったからです。

あなたと似た価値観（もののとらえ方、感じ方、考え方）を持っている部下だから、あなたがうれしく感じる言葉に相手も喜び、あなたのアドバイスに共感したのです。

反対に、このような経験はないでしょうか？

自分が上司にしてもらったのと同じことを部下にしても、思うような効果が出ない。よかれと思って伝えたのに、むしろ逆効果になっている…。

それは、部下があなたとは違うタイプだということです。

この場合は、自分がされてうれしかったことや、自分に効果があったことにこだわらず、**部下に合わせてコミュニケーションの取り方を変える必要があります。**

それには、**自分の尺度で決めつけず、部下を理解する**ことから始めなければなりません。

そこでリーダーのみなさんに具体的に磨いていただきたいのは、**「聴く」コミュニケーションスキル**です。

相手を理解するためには、聴くことがもっとも大事な柱となります。なぜなら、

相手の考えや思い、感情は内側にあるからです。

内側にあるものは、無理やり引き出せません。部下が自発的に、「この人には自分の本当の気持ちを話してもいいかな」「この人だったら、本当の考えを伝えたい」と思ってくれない限り、上司は部下をわかりようがありません。だからこそ、相手があなたを信頼し、話したくなるような、聴くコミュニケーションが大事になるのです。

ここで重要なのは、単に「聞けばいい」、というわけではないということです。「聴く」コミュニケーションとは、相手にとって、あなたが**「話したくなる存在」**になること。聴き上手になり、相手との信頼関係を築くことを意味します。

ですから、そもそも部下に「この上司には話したくない」と思われてしまったら、どんなに質問しても、相手は真剣に答えたり考えてくれなくなってしまうでしょう。

では具体的にどうしたらいいのでしょう。

姿勢・表情・口で聴く

部下に信頼される聴き手になるには、まず**「姿勢・表情・口で聴く」**こと。

これらのポイントを実践することで、まずはみなさんの「相手を理解したい」という気持ちを態度であらわしましょう。部下との信頼関係を築く、重要な一歩目です。

それでは、順に確認していきましょう。

1つ目のポイントは、**「あなたの話を聴きたい」という気持ちを姿勢で示す**ことです。いくら相手の話に興味があっても、相手の方を向いていなかったり、偉そうにふんぞり返っていたり、にらむように凝視したり…そのような態度では、相手はよく思ってくれませんよね。

話し手は、「この人は私の話を聴く気がない」「私の話に興味がない」「軽く扱われている」などと感じ、「これ以上話したくない」と心を閉ざしてしまうでしょう。

そこで、まずは姿勢で「あなたの話に興味がある」ことを示します。**相手に視線**

を向けるのはもちろんのこと、**体ごと相手の方に向ける**のがベストです。

ただし、相手との距離が近い場合は、あまり向き合いすぎると相手に緊張感を与えてしまうことも。そのような場合は、席につく際、２人の間に**90度の角度**ができるような座り方を意識するといいでしょう。

２つ目のポイントは、**「相手の感情に寄り添った表情」**を見せることです。

みなさんは、人と会話をする時、相手のどこを見ますか？

おそらく目や口元など、相手の表情を見ますよね。そして相手の表情から、

「この人は私の話をどう思っているだろう？」

「楽しそうに聴いてくれている」

「真剣に聴いてくれている」

「何だかつまらなそうにしている」

といったことを読み取りながら、話を進めていくのではないでしょうか。

楽しい話をしているつもりなのに相手の表情が曇っていたら、「この話はおもしろくないのかな？」と気になるでしょうし、相談を持ちかけているのに相手が笑み

を浮かべていれば、「真剣に聞いてもらえない…」と悲しくなると思います。
いずれにせよ、相手の反応が悪いと、話すのをやめたくなってしまうでしょう。

聴き上手になるには、
「あなたの話を聴いています」
「その話に興味を持っています」
という、こちらの気持ちが伝わるような表情を見せる必要があります。つまり、**話の内容に合わせた表情**が欠かせないわけです。

例えば、相手が喜んでいる時や、楽しい話をしている場合は、あなたも明るい表情で聴きます。反対に、相手が苦しんだり、悲しんだりしている時には、「その気持ちを受け止めているよ」と伝わるような真剣さを表すといいでしょう。

あなたの**表情で「この人はちゃんと話を聴いてくれている」と思ってもらえてこそ、相手の本心を聴くことができる**のです。

最後のポイントは、**「相づち」をうまく取り入れる**ことです。相づちがあると会話にリズムができ、相手は非常に話しやすくなるからです。

例えば、「うん」「はい」「ええ」など**同意を表す相づちを打つと、相手は「この話に同意してくれている」と感じ、話の続きを展開しやすくなります**よね。

また、**もっと詳しく話を聴きたい時は、「それから?」「ほかには?」「それで?」といった、話を促す相づち**が◎。「あなたの話をもっと聴きたい」という気持ちが伝わりますから、相手はいっそう気持ちよく話せます。

また、相づちのテクニックには、「オウム返し」や「言い換え」もあります。

オウム返しとは、相手の話を復唱する、リピートの相づちのこと。相手の話を、「理解していますよ」

「特に、この部分に興味があります」

という気持ちを示す際に活用できる手法です。

例えば、あなたは友人に「最近、仕事が忙しくてクタクタなんだ」と話しました。それに対して、友人が「すごく忙しいんだね」とオウム返しをしてくれると、あなたは「忙しいということが友人に伝わった」と安心すると思うのです。

リピートする部分によって、「興味があるのはこの話です」という意図を伝えることもできます。

そして、オウム返しよりさらに高度なのが、言い換えの相づちです。

相手の話を、**相手が使わなかった言葉で言い換える**手法です。

例えば、相手に「最近、仕事が忙しくてクタクタなんだ」と言われたら、「忙しい」「クタクタ」という言葉は使わず、「仕事が大変なんだね」というように返します。

こうすることで、**相手は「クタクタなんだね」と返される以上に、自分が言いたかったことを深く理解してくれたと、とらえてくれます。**

ただし、相手が使わなかった言葉を使うと、相手が本当に伝えたかった内容からズレることもありますので、この点には気をつける必要があります。

もし、あなたの返答が相手の意図と違っていたら、おそらく相手から「いや」「でも」「そうではなくて…」などの反応があると思います。その時は、あらためて理解し直し、オウム返しで「仕事が忙しいってことなんだね」と返せばいいでしょう。

姿勢・表情・口で聴く。これらは簡単に取り入れられるコツですから、すぐにでも使ってみてくださいね。

「相手だったら」と考える

部下の考えや思いを理解するためには、「この人だったらどう思うだろうか?」という視点が欠かせません。**相手の話を自分なりに解釈せず、その人の価値観で受け止める**わけですね。

多くの方は、人の話を聴いている時、「自分だったらどう思うかな?」「自分だったらどう感じるだろう」と、自分の価値観で理解しがちです。

もちろん、それ自体は悪いことではありません。ですが、もし相手があなたとは違う感性を持っている人だったらどうでしょうか?

きっと、相手とあなたの感覚には、大きなズレが生じると思うのです。

そんなすれ違いを避けるために、「相手だったらどうか」と考えます。

相手の話を、その人の立場になって想像するには、当然ですが相手の価値観を知る必要があります。といって、ストレートに「あなたの価値観を教えてください」と聞いても、的確な答えは得られません。

価値観は、ひと言で説明できるほど単純なものではないからです。そもそも、自分の価値観を、頭の中で完璧に整理できる人もいないでしょう。

また、人は置かれた状況や環境によって違う解釈をすることもありますので、そうなってみなければわからない、というのが実際のところだと思います。

では、どうすれば相手の価値観を知ることができるのか。

そのヒントは、**「人生のバックグラウンド」**にあります。

相手や価値観が作られることになった背景——つまり、その人の誕生からいまにいたるまでの経験、置かれてきた環境…、それらを知ることで、相手が物事をどうとらえ、考えるのかが自然と想像しやすくなるのです。

部下のバックグラウンドを知るには、（Ｐ165）にてご紹介する質問例を活用するといいでしょう。ここに挙げた例のほかにも、ご自身で気になる背景があれば、どんどん興味を持って聴いてみましょう。

部下のバックグラウンドを知る

部下のバックグラウンドから
「価値観」を理解する

部下について、どのくらい知っていますか？（全10問）

- □ 入社(転職)した動機は何でしょう?
- □ 最終学歴(中途の場合は前職)は?
- □ 学生時代に熱中していた事(部活・バイト等)は何でしょう?
- □ 人生で一番充実していた時、一番つらかった時は?
- □ 好きな仕事、嫌いな仕事は何でしょう?
- □ 仕事で成長を実感した時、うれしかったことは何でしょう?
- □ 仕事で手本としている人物は?
- □ 相手が大切にしている言葉は?
- □ 今の仕事の悩みは?
- □ 将来の夢は?

POINT

●これが全て、ではありませんが、いま目に見える相手の姿だけでなく、部下の「過去」と「未来」を知ることで「価値観」を知るきっかけになります。

部下の背景や、大切にしてきたことを知ることで、より深く相手の考えを知ることができます。そしてバックグラウンドと合わせて必ず聴いて欲しいのが「現在の状況や立場」「将来の夢」「実現したいと思っていること」という、現在と未来のことです。それを踏まえて「こういうアプローチをしよう」「こんな言葉をかけよう」と**コミュニケーションの幅を広げることで、部下の「意欲と自信」を育てることができます。**

部下に自信を持たせたり、意欲をかき立てる上司のアプローチがあれば、部下のやり抜く力をより発揮させ、継続させ、強化させることができるのです。

「褒める」「叱る」＝フィードバック

フィードバックでやり抜く力を育てる

みなさんは、部下を褒めるのと叱るのとでは、どちらが得意ですか？　考えにくい場合は、日常的にどちらの方が多いか、考えてみてください。

ちなみに最近のリーダーの多くは、叱るのが苦手な傾向にあります。反対に、年長の上司の場合は、褒めることを苦手とする人が多いようです。「褒めて育てる」「叱って育てる」という差は、世代による差が大きいのかもしれませんね。

少し話がそれてしまいましたが、実は**褒めるのも叱るのも、どちらも重要な、部下の「やり抜く力」を育てるフィードバック**です。

目的・目標の達成に向けた行動を強化する上で重要なのは、うまくいった時の要因を明確にし、繰り返し再現することです。また、うまくいかなかった場合には改善点を探り、適切に修正を行っていく必要があります。

この、「CHECK＋ACTION」から「PLAN＋DO」への流れをスムーズにするために有効なのが、褒める・叱るというフィードバックなのです。

部下の意欲と自信に大きな影響を与えるコミュニケーションです。

それぞれの本質的な目的をまずは理解し、ぜひ実践してみてください。

信頼される「褒め方」

褒めさえすればいい、ではない

多くの方は、褒めることに良いイメージを持っていて、褒めるコミュニケーションを重視されているのではないでしょうか。

それは決して間違ってはいませんが、いっぽうで、褒めることが部下の成長を妨げることもあります。また、褒められた側の部下がうれしく感じないとか、むしろ傷つくような結果を生むことも。

私はよく管理職を対象とした研修を行うのですが、そういった場で「褒めても効果が出なかったことはありますか？」「褒められたのに、あまりうれしくなかった経験はありますか？」と質問をすると、なんと8割以上もの出席者が両方に「経験あり」と答えるのです。

こうした逆効果を生む原因は、実は「褒めるのはいいことだから、とりあえず褒めておけばいいよね」という勘違いにあります。

褒める時の肝は、**「褒める目的は何か」**にあります。

そうお伝えすると、リーダーの方々は「部下のモチベーションを上げるために褒めるんですよね？」と言います。

もちろん、褒められた時の喜びは、やる気や意欲につながるものではありますが、モチベーションを高める目的で褒めてしまうとうまくいかないのです。

考えてみてください。

みなさんが部下だとして、不調が続いてモチベーションが落ちた時に、上司が「よし、モチベーションを上げてやろう」という意図で褒めてきたら、どう感じるでしょうか？　明らかに成果が出ていないのに、「最近、頑張ってるね」なんて声をかけられても、褒められた気がしないと思うのです。

おそらく、「あぁ、気を遣われてしまった」「自分が落ち込んでいるから、上司がフォローしてくれたんだろうな」と感じますよね。上司の心遣いをありがたく感じたとしても、モチベーションを上げるきっかけにはなりづらいわけです。

単純に見えて難しい。それが、褒めるコミュニケーションなのです。

習慣化してほしいことを褒める

みなさんが心の底から部下を褒めた時のことを、思い出してみてください。

どんなことに対して褒めたでしょうか？

多くは、部下が良い行動をした時や、何か結果を出した時だと思うのです。

良い行動を継続し、習慣化することで、ますます良い結果を残してほしいからこそ褒めるわけですよね。

この**「良い行動を習慣化」させることこそが、真の褒める目的**です。

人間はもともと、人に認められたいという欲求を持っています。そしてその承認欲求は、褒められることで満たされます。

褒められると、再び認められたいという欲求によって、自然とその行動を継続しようとする。

こうした人間の特性を活かし、部下には**「継続してほしい」と思う行動について褒める**ようにしてみましょう。

ただし、ここで注意点があります。

部下には、継続してほしい内容が**正しく伝わるように褒めること。**上司の褒め言葉が適切でなければ、部下が勘違いしてしまい、本来継続してほしいことと違う行動を習慣化してしまうからです。

ある携帯ショップの店長さんから受けた相談を、ご紹介します。

このお店の男性新人・Aさんは、在庫商品の置かれているバックルームで、あることに気づきました。

「棚が乱雑になっているせいで、店舗のオペレーションに影響が出ている」

そこで、誰にも指示されていないのに、自発的に朝早く出勤してバックルームの整理整頓を行いました。

きれいに片づけられた棚を見た店長は感動し、Aさんをこう褒めました。

「A君は素晴らしいね！　こんなに完璧に片づけてくれるんだったら、安心してバックルームを任せられる。これからもこの調子でよろしくね！」

その後、何が起こったと思いますか？

店長に褒められて気をよくしたAさんは、ちょっとでも手が空くと、すぐに「片づけてきます」とバックルームへこもるようになったのです。

見かねた店長が、Aさんに声をかけました。

「そこまで片づけなくてもいいよ、少しくらい散らかっていても大丈夫だから」

「いや、僕がやらないとまた使いづらくなるので」

しかし実は、Aさんが本当に成長すべきことは、店舗での接客でした。

お客様への提案や商品案内がスムーズにできるよう、いろいろなことを覚えなければならない。ちゃんと先輩から学び、接客スキルを上げることが彼の重要な仕事だったのです。

それなのに、バックルームの片づけばかりに気を取られている。

業を煮やした店長は、とうとうAさんを叱りつけてしまいました。

「しょっちゅうバックルームばかり行って何やってるんだ。ちゃんとやるべき仕事を覚えろ！」

後日、店長は落ち込んだ表情でこうつぶやいていました。

「バックルームを自ら整理してくれたことは本当にうれしかった。

でも、それを褒めたことで、あんなにバックルームにばかり行くとは思いませんでした。いくら何でも、加減というものがありますよね…最初の褒め方が間違っていたのでしょうか？」

私は、店長にこう質問しました。

「本当に習慣化してほしかった行動は何でしたか？」

店長は少し考えた後、次のように答えました。

「店舗のオペレーションに問題があることを、自分で発見できたこと。そして、発見した課題をどうすれば解決できるか考え、自分にできる行動をスピーディーに実践したこと。これらは素晴らしい行動ですから、それを習慣化してほしいと思いました」

本質的に習慣化してほしいことは何か、を考える

継続してほしい内容が正しく伝わるように褒める。

店長がこの点を意識し、「店舗の問題点を自ら考え、即座に行動したこと」を褒めていれば、Aさんは店長の意図を勘違いすることなく、しっかりとこの部分を強化できたでしょう。それを、「バックルームを片づけた」という表面的な行為を褒めたため、Aさんは「バックルームを片づけると、店長に認められる」と誤った認識を持ったわけです。

部下がよい行動をすると、上司はつい、表面的な行動を褒めてしまいます。

ですが、上司の思いを部下に正しく伝えるには、

「本質的に習慣化してほしいこと」

「本当の意味で継続してほしいこと」

を見つけ出し、それを具体的に褒めなければなりません。

褒める側が、深く考えてフィードバックする。

それがまさに、部下に伴走することなのです。

成長を止めない褒め方

ＰＤＣＡサイクルを回す際に、多くの方がつまずきやすいのが、うまくいったことを強化する点です。これは、うまくいかないことを改善する以上に難しく、それだけに「悪くはないけれど、現状維持の状態から抜け出せない…」という新たな悩みを生みます。

そこでリーダーのみなさんに実践してほしいのが、成長を促すアプローチ――

つまり、部下の**「現状維持でいいか」という考えを打破する質問**です。

まずは**「さらなるステップアップを期待している」**という上司の思いを伝え、その上で、具体的にどんな行動をしていけばいいのか、質問を通じて部下と一緒に考えましょう。

例を挙げてみましょう。

あなたは、あるプロジェクトの責任者を部下に任せました。お客様に喜んでもらえる内容を低コストに抑えられ、プロジェクトは成功したので、あなたは部下を褒め、本質的に習慣化してほしいことをしっかりと伝えます。

そして、「これからも期待しているよ」の言葉とともに、次回からの課題をこう伝えました。

「残念だったのは、準備の立ち上がりが遅かったことだね。もっと早く準備に取りかかっていたら、〇〇や△△もできたんじゃないかな?この点があなたの課題だから、これからは、どんな仕事でも早めに進めることを意識してほしい」

このように言われると、部下はどんな気持ちになるでしょうか?

確かにあなたは褒める言葉をかけましたし、実際に「よく頑張った」と思っている。けれども、その後に「これがあなたの課題。何とかしなさい」と指示したことで、逆に部下は「成功したはずなのに…」と逆に失敗したかのように認識する可能性があります。褒められたことよりも、指摘された印象の方が強くなってしまうのです。

これでは、ステップアップどころか、部下のモチベーションを下げかねません。次へつなげるためにも、伝え方を変える必要がありますね。

まずは褒め、「これからも期待しているよ」の言葉を添えるところまでは先ほどと同じです。その上で、次のような質問や言葉に変換してみましょう。

「立ち上がりのスピードをプラスすれば、プロジェクトの内容はさらに充実しそうだね。次回からは、どのくらい前から準備を始めたらいいと思う?」

これなら部下はできていない点を指摘されたと感じにくく、また質問されたことで自ら「今回の成功を活かし、次のプロジェクトをどう改善したらいいだろう」と考え、実行できるのです。

指示するよりも、自分で考えさせる。そのことで自己決定感が高まり、実行定着率も上がるという質問の効果をうまく使うと、部下の自尊心を傷つけることなく、うまくステップアップさせることができます。

褒め上手になる4つのスキル

次に、具体的に褒め上手になるスキルについてお伝えします。

「I(アイ)メッセージで褒める」
「小さなことでも褒める」
「プロセスを褒める」
「具体的に褒める」

以上の4つのスキルを身につけることで、部下の成長をスムーズに後押しできます。

Iメッセージで褒める

Iメッセージの「アイ」は、英語で「私」を意味します。

つまり、褒める側であるあなた自身（私）を主語にした褒め方のこと。

例えば、「こないだは助けてくれて助かったよ」と言う場合、助かったのは「私」です。サポートをうれしいと思っているのも、ありがたいと感じているのも「私」。

このように、**「自分自身が、相手のおかげでどんな影響を受けたか」を伝えて褒めるのがIメッセージ**です。

それに対し、You（ユー）（＝あなた）メッセージもあります。

「あなたは仕事ができるね」

「あなたはよく機転が利くね」

これらは「あなたは～だ」と相手が主語になっていることから、Youメッセージと言われます。

通常は、Youメッセージでも相手は褒められたと感じます。ですが、Youメッセージには相手を評価する側面があるため、いくらこちらが褒めたつもりでも、場合によっては相手に嫌な思いをさせてしまうことがあります。

評価されたくない内容であったり、評価されたくない人から言われたりすると、相手は不快感を覚えてしまいます。褒められたと受け取ってもらえない場合もあるので、Ｙｏｕメッセージには注意が必要です。

多くの方は、自分が思っている以上にＹｏｕメッセージで人を褒めています。ですが、より**強いパワーを持っているのはIメッセージ。**Ｉメッセージで思いを伝えられると、人は**「私は、相手に影響を与えられる重要な存在なんだ」と強く感じる**ため、ぜひＩメッセージをどんどん活用してください。

なお、Ｉメッセージがうまく使えない方は、感謝の気持ちをあらわす「ありがとう」を積極的に用いるといいでしょう。**ありがとうは、それだけで超強力なIメッセージ。実はとても強力な褒め言葉**なのです。

小さなことでも褒める

大きな成果や成長があると、部下を褒めやすいですよね。でも、これらはそう簡単に頻繁に得られるものではありません。大きな成長や成果があった時だけ褒めようとすると、結果的に褒める機会が少なくなってしまいます。

大切なのは、**上司自身が、部下の小さな成長や美点を発見する力をつける**こと。

どんな部下でも、実行する過程には変化があるはずですから、それを見つけてしっかり褒めてください。

すると、多くのリーダーからこんな悩みを打ち明けられます。

「課題や問題点は小さなことでも発見しやすいが、成長や美点を探すのは難しい」

それには理由があります。

人は、「自分にとって簡単なこと」「これくらいできて当然と思っていること」については、小さな成長や美点に対してアンテナが働きません。リーダーが部下より能力が高い部分が多いのは当たり前ですから、自分の尺度で見てしまうと、部下の成長を成長と思えなかったり、美点を見落としたりするのです。

そこで大事なのが、部下の視点で考えることです。

「この点は、昨日よりよくなった」

「1か月前に比べて、ここが成長した」

このように、**部下自身の過去と見比べて、成長した点や美点、改善された部分を見つけ、褒める**といいでしょう。

かく言う私も、かつては典型的な課題指摘型で、部下の成長や美点を発見することが苦手でした。よくないところや足りない部分は、すぐに見つかるのに…。せっかく美点に目が向いても、その直後に課題がクローズアップされてしまい、部下に指摘ばかりしているタイプのリーダーだったのです。

そんな自分の性質をよくわかっていますので、どんな小さなことでも部下の成長や美点はすぐに気づけるよう、いまも日常的にアンテナの感度を高めるトレーニングを行っています。

そのトレーニングとは、

「心の中で、部下の素晴らしいところを10個挙げる」です。

すべての部下に対してこのトレーニングを行っていると、一人ひとりの**部下を日常的によく観察するようになり、自然といいところが目に留まり始めます。**

「資料の作り方が丁寧」
「文章をまとめるのがうまい」
「〝ちょっといい？〟と呼ぶと、必ずこちらを向いてくれる」

「メールの返信が早い」
「電話応対が、明るくて気持ちがいい」
「清潔感のある服装で、好感が持てる」
「お客様に渡す資料や準備物を、いつもしっかりチェックしている」
「カバンや机がきれいに整理されていて、忘れ物が少ない」
「ほかの人が困っていると、サッと助けられる」
「朝から機嫌がいい」
「相談に来る時は、ちゃんと自分のアイデアも用意している」
「大事なことはきちんとメモを取る」

いままでは特に意識しなくても、部下の素晴らしいところが次々と思い浮かぶようになりました。「そんなところまで?」と思うようなことでOKです。

大変効果がありますので、以前の私のような課題指摘型のリーダーは、ぜひトレーニングしてみてくださいね。

プロセスを褒める

組織の中では、常に何かしらの成果が求められるため、「結果がすべて」という価値観に偏ってしまうことがあります。もちろん、目的や目標があるからには、結果を重視するのは当たり前と言えます。

だからといって常に結果を出せるかというと、現実には難しいですよね。

結果とは、多くの失敗をし、試行錯誤を重ねるうちに出せるもの。その過程は、誰もが経験することです。

たとえ**思うような結果が出なかったとしても、失敗をその後どう活かすか。**これが成功のカギです。

大切なのは、部下がどんなプロセスを踏んでいるかに目を向け、

「今回の仕事では、この気づきがよかった」

「ここで機転が利いたのは素晴らしい」

このように、プロセスを褒めることです。

プロセスを褒められた部下は、うまくいかなかった中でも、よかった部分を次の

PDCAサイクルに活かそうとします。

それが、より早く、より高い確率で成功を引き寄せるコツなのです。

具体的に褒める

「いろいろ助かったよ」

「今回、すごくよかったよ」

こうした褒め言葉をよく耳にしますが、どことなく違和感がないでしょうか？

それはなぜかと言うと、抽象的で、事実の裏づけがないからです。

抽象的な言葉で伝えられてしまうと、褒められた側も「何が助かったんだろう？」「どこがよかったんだろう？」と疑問を持ちます。それが結局、「ご機嫌取りで褒めてくれただけだろう」「やる気を出させるためのお世辞かもしれない」という思いにつながるわけです。

せっかく褒めるのですから、部下には

「ここがよかった」

「その行動を習慣化してほしい」

というメッセージがはっきり伝わるようにしたいもの。

それには、具体的に褒めることが欠かせません。

事実にもとづき、具体的に褒めることで、相手は「褒められている」と実感し、具体的な行動を次に活かすことができるのです。

人がついてくる「叱り方」

問題点を正しく認識させ、改善を促す

叱ることを、非難や批判というイメージでとらえる方もいると思いますが、本書では**「改善点や修正点をフィードバックする」**という意味でお伝えします。

効果的な叱り方は、褒める時と同じく、目的を明確にすること。

では、叱る目的は何かと言うと、

「間違っている点を正しく認識させ、部下自らに改善してもらう」

ことです。叱ることで反省させたり、落ち込ませたりするのではなく、改善の行動に出てもらうことが最終目的であることを、よく理解しておいてください。

ＰＤＣＡサイクルを回す上では、誰もが失敗を経験します。間違った進め方をすることもあるでしょう。

その時に、問題点を正しく認識し、改善して次の行動に活かすことができなければ、ＰＤＣＡサイクルがスパイラルアップすることはありません。当然ながら、目的・目標にも近づけないわけです。

自力で問題に気づけない部下には、叱ることで「問題を認識→改善」を促し、やり抜く力を向上させるのがここでの狙いです。

人それぞれ認識が違う

少し話がさかのぼりますが、褒める時の目的は、良い行動の習慣化でした。

良い行動は、褒められると素直に受け入れられます。自分で意識的にその行動をしていたかどうかに関係なく、評価されると自然に「これは正しい行動だ」と認識し、再現性も伴います。つまり、上司がわざわざ「これは良い行動だからね」と念押しするまでもないわけです。

反対に、**間違った行動の場合は、部下にしっかりと「これは間違っている」と認識させる必要があります。**なぜなら、部下自身は間違っていると思わないで行動していたり、良かれと思って行動していたりすることがあるからです。

その際に問題になりやすいのが、**間違っているという認識の度合いにズレがある**ことです。

例えば、ほとんどの人は「遅刻は良くない」と思っていますよね。

でも、その度合いは人によってさまざま。

私は社会人1年目の時に、時間に厳しい上司から「10分前行動が基本」と叩き込まれましたので、それが習慣化されました。そうすると、15時に待ち合わせの約束をした場合、私は当然のように14時50分に到着するわけです。

いっぽう、15時の待ち合わせなら、15時ぴったりに行くのが当たり前だと思っている人もいる。もっと言えば、15時10分くらいまでは許容範囲だと認識している人もいるでしょう。

同じ15時3分に到着したとしても、いつもは14時50分に来る人と、15時10分まではOKだと思っている人では、遅刻に対するとらえ方が全然違いますよね。

ですから、まずは**リーダーと部下の間で、認識がズレていないか確認しなければなりません。そして認識に乖離がある場合は、きちんとすり合わせを行う**こと。

それなしに叱っても、リーダーが期待するような改善行動は生まれないのです。

本質的な課題を見出す

研修やセミナーを行っていると、多くのリーダーから、このような相談を受けます。

「部下が、何度言っても同じような失敗や間違いを繰り返すんです…」

やると決めたことがなかなか継続できない、いつも突発的な仕事に振り回されて優先順位を間違う、納期を守れない…いろいろあります。

PDCAサイクルを回し始めると、特に「いつも似たようなパターンで失敗する」のが顕著にあらわれます。すると上司だけでなく、本人も「負のスパイラル」に陥っていることを感じるため、苦しくなってきます。

このような場面では、多くのリーダーは、部下ができるようになるまで指摘し続けると思います。ですが、それだけでは不十分です。

同じ失敗を繰り返すのは、うまくいかない理由を本質的に理解できていない証拠。もっと深く掘り下げ、本人が「なぜ、その行動が間違っているのか」を正しく認識しなければなりません。

本質を理解していない状態で上司からあれこれ指摘されても、実際のところ、部下は何をどう改善すればいいのかわかっていません。ですから、まずはそこを部下と一緒に整理してあげてください。

私の場合は、よく次のような質問を使って、部下と本質を探します。

「この行動から、どんなことが起きると思う?」

「その結果、どんなことが周囲に発生するかな?」

このように、部下に**「自分の行動がどのような影響をおよぼすか」**という視点を持ってもらうのが効果的です。

人間は、自分の価値観で考えられないことには盲目的になりがち。でも、**ちょっと見方やとらえ方を変えるだけで、いままで見えなかったことが理解でき、いっきに問題解決する**ことがあるのです。

自分の行動にどんな影響があるか推し量ることは、別の視点で観察することにつながります。すると、それまで見えなかったことに光が当てられますので、そこを糸口にすれば、本質の理解も深められるでしょう。

叱るタイミング

叱る時には、適切なタイミングがあります。

まず、もっとも重要な「間違った行動の改善」という効果だけを考えるのであれば、**間違った瞬間に「それは良くない」と指摘する**のが一番です。

とはいえ、「お客様がいる」「周りに人が大勢いる」「時間がない」など、さまざまな理由によって、その場で叱れないこともあるでしょう。この場合は、時間をおいて叱ってもかまいません。

ただし、記憶があまり薄れないよう、できるだけ早いタイミングで伝える時間を取ることがコツです。

叱り方

怒る、叱る。これらはイメージのよく似た言葉ではありますが、異なる意味を持ちます。

まず「怒る」は、自分の感情を相手にぶつけること。イライラや腹立たしさをぶつけるという、いわば当たり散らす印象です。

いっぽうの**「叱る」は、ベースに愛情があります。**

相手の成長を願い、今後に期待しているからこそ伝える。相手のためを思う気持ちがあってこそ、注意するわけです。

叱るつもりが、ついカッとなって怒ってしまう。リーダーの方々からはそんなご相談も多いのですが、みなさんはどうでしょうか。

きちんと、叱るコミュニケーションができていますか?

どうしても感情が抑えられず怒ってしまう方は、**言葉を発する前に、一時停止**してみましょう。自分の中に一時停止ボタンがあるとイメージし、カッとなった時は、すかさずそのボタンを押す。

そして、**「なぜ」「何のために」叱るのか**という目的に立ち返ってください。

行動の改善という効果を手に入れるためには、どのようなコミュニケーションを取ればいいのか。どんな言葉で部下に伝えたらいいのか。

それを考えた上で、言葉を発しましょう。

長い時間はかけなくてもかまいません。

ほんの10秒、自分の中で整理する時間を取るだけでも、本来の目的に立ち返って感情を抑えることができるはずですよ。

叱り上手になる４つのスキル

これまでお伝えしてきたポイントをベースに、さらなる叱り上手になるためのスキルを４つご紹介いたします。

①理由を明確にして叱る

これくらい言わなくてもわかるだろうと思い、指摘の理由を具体的に伝えないまま部下を叱ることがあると思います。ですが先述の通り、部下は「これは間違っている」という認識がないからこそ誤った行動をするわけですから、その行動がなぜいけないのか、しっかり伝えなければなりません。

相手に伝わるように理由を説明すれば、叱られても納得感が得られます。

たとえ叱られている時に落ち込んでいたとしても、納得できれば、上司が伝えたいことは理解できます。最終的には、指摘されたことに感謝するはずですから、部下との人間関係も良好に保てるのです。

②相手の言い分を聴きながら叱る

間違った行動を指摘する時には、一方的に責め立てないようにしてください。

理屈では上司の指摘を理解できても、**感情がついてこなければ、改善への思考や行動につながらない**からです。

叱る時には感情を考慮し、次のような質問を使って、**部下の言い分を聴く**機会を作りましょう。

「私はこう考えているから、その行動が良くないと思ったんだけど、あなたはどう思う?」

部下の言い分に耳を傾けると、相手は「上司が自分の言い分を聴いてくれた。その上で理解しようとしてくれている」と感じます。

それが、上司の意見を素直に聴き入れようとする気持ちにつながるのです。

③1つのことだけを叱る

叱る時には、**一度に1つの要素のみを指摘する**ようにしましょう。

例えば遅刻したことを指摘しているのに、次々と「そういえば、いつも机の上が散らかっている」「昨日は忘れ物もした」と別のことを持ち出す人がいます。気になっていることをまとめて叱れば、効率的に改善させることができると思ってのことかもしれませんが、これは行動改善において逆効果。

どれほど愛情を持って伝えられたとしても、叱られること自体、部下にとって嬉しいことではありません。それなのにいくつも指摘されると、誰だっていい気はしませんよね。

また**一度に複数の問題点を挙げられても、頭の中を整理できず、何をどのように改善したらいいかわからなくなります。**改善の一手を早く導き出すためにも、一度に1つのことだけを伝えるようにしましょう。

④期待感をはっきりと言葉で伝える

相手の成長を願い、今後に期待しているからこそ叱る。これが、叱ることの正しい意味です。

こうした**リーダーの思いを、明確な言葉で伝える。**それが4つ目のコツです。

わざわざ言わなくてもわかっているだろうというのは、上司の思い込みです。

みなさんの気持ちは、きちんと言葉にしなければ部下に伝わりません。

上司の愛情を感じていない部下は、

「自分のことが嫌いだから、こんなに叱られるんだ」

「自分のやり方が気に入らないから、こんなに指摘されるんだ」

というように、叱られたことをネガティブに受け止めてしまいます。

でも、上司が「成長を願っているよ」「今後に期待している」と、気持ちをはっきりと口に出して言うことで、部下はこう思うはずです。

「自分は、上司にとって大切な存在なんだ。その期待に応えられるよう、もう一度挑戦しよう。しっかり改善して、また頑張ろう！」

上司が愛情を持って背中を押せば、どんなに難しい道のりでも、部下は「意欲と自信」を持って前進できます。その前向きな一歩をアシストするためにも、期待感をはっきりと言葉で伝えてくださいね。

ケーススタディ

xDr·iveトレーニング

xDriveの3つの役割と3つの会議

最後に、私がクライアント先で実施しているxDriveのトレーニングを紹介します。私がクライアント先で実施するxDriveには、2つの目的があります。

①質問PDCAを実践し、個々人の「やり抜く力」を高める
②質問PDCAを社内で実践できる「次世代リーダー」の育成

この2つの目的の実現に向けて必要なのが「3つの役割」「3つの会議」です。

3つの役割

xDriveは「3つの役割」と「3つの会議」で構成されます。

実施期間は、各企業の状況によってさまざまですが、自ら「質問PDCA」を使って成果を上げ、さらに「自らも質問ＰＤＣＡを使えるリーダーになる」のに最低限必要な期間が12か月〜18ヶ月です。参加する方は、主にこの「３つの役割」にわかれます。

①ボードメンバー

企業の中で「成長インパクト」が大きいメンバー8〜15名の方を選抜します。例えば、経営幹部陣や次世代を任せたいマネジャー陣など、その方々の成長が今後の経営において、プラスのインパクトをもたらす方が中心です。ボードメンバーにはご自身の、あるいは自分のチームの目的・目標を持ち寄っていただき、その達成にむけ「質問ＰＤＣＡ」を通じた支援をします。

②意思決定者

主に経営者。「目的・目標」のすり合わせや会議を通じて、ボードメンバーが実行したいことを決めた際に、最終的な判断、合意をしていただくために、必ず同席いただきます。

③ オブザーバー

主な場合は役員陣。ボードメンバーの直属の上司となる方々です。もしくは、ボードメンバーの選抜には入っていないけれど、今後加わってほしい方、成長を期待している方に入っていただくこともあります。仕事内容において意思決定者と同じ役割をすることもありますし、質問ＰＤＣＡを上司として日頃使っていただくため、学びの場としてご参加いただくこともあります。

3つの会議

そして実施するのがこの「3つの会議」です。

【1】セッション―月1回の開催／4時間／全員参加

目的：実現したい目的・目標に向けて、新たな視点で戦略を立て直し動機づける

形式：できるだけ全員対面での参加が好ましい

実施内容：セッションにおいては、目指す姿の確認、その実現のための達成ストーリーを描き、全体の戦略や優先順位、また重要な目標（ゴール）の確認を行います。

報告やPLAN策定にとどまらず、一人ひとりへのプラスのフィードバックを取り入れるなど、参加者全員が目的・目標に向けてPDCAをより精度高く回すための動機づけの場でもあります。

【2】進捗会議―週1回の開催／1〜2時間／ボードメンバーのみ

目的：セッションで決めた各個人の決定事項の進捗確認

形式：オンラインも可能。ボードメンバーは全員参加が好ましいが、個別対応も可能

実施内容：セッションで決めた決定事項の進捗確認を行います。この進捗確認とは「PDCAが個人で回せているかどうか」の確認とも言えます。1週間の中でも計画したPLANが実行されているか、されているのであれば、結果を把握し要因分析、また次のACTIONが明確になっているかどうか、を確認します。

【3】PDCAマネジメントシート添削
―個人の記入は毎日／2週間に1回の添削／ボードメンバーのみ

目的：個人における質問ＰＤＣＡの習慣化

形式：ワークシートの記入と共有／添削は手作業（メール等でのやりとり）

実施内容：Ｐ149にあるＰＤＣＡマネジメントシートを活用し、日々、自分自身のＰＤＣＡを確認した上で、その精度を添削する仕組みです。これはｘＤｒｉｖｅ独自の仕掛けですが、社内であれば日報などで代用することもできます。

質問ＰＤＣＡを使い、日々のコミュニケーションにプラスして活用することで、個々人の成長スピードはより一層高まります。

私は、これらの会議のトレーナー、そしてサポーターの役割を担います。

セッションや進捗会議での進行を、「質問ＰＤＣＡ」を使って行うのです。

「トレーナー」としては、教えるのではなく「育てる」アプローチをします。

そのためには、時には厳しめのアプローチも行います。「質問ＰＤＣＡ」を活用すると、一人ひとりの考え方や価値観、状態、得意不得意、などが短時間でもわかるようになります。「できるできない」といった、結果に対してではなく、自分のもつ役割や責任から逃げ出そうとする方にはきちんと向き合い、ＰＤＣＡにおいて重要なポイントを理解し実行できるよう、あきらめずにお伝えします。

そして「サポーター」としては、参加者そして経営者（意思決定者）の、目的や目標の実現に向かう「伴走者」であるよう心がけています
残念ながら私は、クライアントの「経営」には責任を持てません。

しかしxＤｒｉｖｅを通じて「目的・目標の実現に向けてＰＤＣＡを回す」、「そのために必要なやり抜く力を伸ばす」サポートはすることができます。

組織を強くし、人を育て、仲間と何かを成し遂げたいと強く願う方々の「情熱」。

そしてその企業様が築いてきた「事業に関する知識・スキル」。

それらの効果を最大限に引き出すために、時には、経営者の方に厳しい決断を迫ったり、部下へのアプローチについて意見をしたりしながら、サポートするのです。

xDriveは仕事をおもしろくする

xＤｒｉｖｅつまり「質問ＰＤＣＡ」は一度実施したら終わり、というものではありません。ＰＤＣＡそのものが、何度も繰り返す中でよりその精度・スピードが

高まっていくものでもあるからです。しかし、残念ながらそれを「やり続けられる」人は、とても少ないのが現実。だからこそ、**逆にいえば「やり続けること」こそが、必ず成長し、環境の変化や企業競争に負けない筋力を持った、強い組織を生み出すシンプルで唯一の方法と言えるのではないでしょうか。**

私もすでに1000回近くのセッションに携わっていますが、参加者にとっては、毎回毎回PDCAについて質問され続け知恵を振り絞ることは、想像以上にハードなことでもあります。しかし、PDCAサイクルを理解し自ら実践できるようになると、ほとんどのみなさまが**「仕事がこれまで以上におもしろくなった」**とおっしゃってくださいます。

そして、その瞬間を見ることこそが、私自身も強いやりがいになっています。

xDriveを通じて、参加者の方だけでなく、私自身も新しい自分の可能性に多く気付かされました。

ぜひみなさまも、1つでも実践し、その変化や効果、新しいご自身や部下の可能性と出会われることを、心より願っております。

おわりに

「質問するだけ無駄」と思っていた私と、私のチームの話

ここまで、本書をお読みくださりありがとうございます。

第2章で、「質問よりも、指示した方が早いと思っているリーダーは多いのでは？」というお話をしました。はじめに、でもお伝えした通り、実は私自身も、かつてはそう思っているリーダーの1人でした。

その理由は、こう考えていたからです。

「質問をしたら、相手には自分が思っている答えを言ってほしい」

「でも、質問をしても大体違う答えが返ってくるから結局指示することになる」

「結局、聞いても無駄」

当時の私は、部下に質問をして思うような答えが返ってこないと、とっさに「それはちょっと違うんじゃない？」などと否定的な反応をしていました。

でもいま思えばそれは、部下の考えと私の考えは違っていただけ。

本当は、こう返すべきでした。

「私が思っていることとは違うけれど、○○さんはどうしてそう思ったの？」

ひょっとしたら、**部下の頭には、私が思いつかないような斬新な考えがあったかもしれません。**

その芽を、リーダーである私が摘み取ってしまっていた可能性や、部下の自信を失わせてしまったことを思うと、いまでも申し訳なく、悔しさを感じます。

どんな組織であっても、**上司と部下の間には、必ず「力関係」が存在します。**

この関係の中で、上司が「それはダメ」「これでいい」と判断し続けると、部下はいつしかこう思うようになります。

「上司の言うことがいつでも正解」

すると、部下は上司の指示を待つだけになります。

部下は常に「上司から合格点をもらいたい」と思うようになるため、リーダーとともに走ってくれる部下がいなくなる。

いわば、リーダーの「ワントップ化」です。

「部下は誰も、自分と同じようには考えてくれない」

「目的や目標を追いかけるのはリーダーだけ」

「部下は、リーダーの指示に従うだけ」

このようになることが、組織ではもっとも恐ろしいのです。

指示だけでチームを回すと、それはそれで、従順な部下はよく育ちます。

けれども、育つ方向が間違ってしまい、「リーダーのために頑張ります！」というのが口癖になる。

実際に、かつての私もそうでした。部下は、リーダーである私に認められたい。私に評価されたい。それがすべてでした。

こういう部下は、表面的には誰よりもリーダーの支えになっているように見えますから、最初は私も気持ちいいと感じました。カリスマにでもなった気分です。

けれども、実際は違いました。

そういう部下は、本当の情熱を持って自ら目的や目標を追いかけているわけではなく、仕事への責任感も希薄になりがち…。決して、一緒に目的や目標を追いかける「仲間」にはなれないのです。

上司は、決して完璧な存在ではありません。ある意味では、とても未熟で孤独。

だからこそ、本当は部下に助けてほしいのです。

でも指示を繰り返して育てた部下は、深い部分では助けになりません。

結局、リーダーである私はいつも、「全部自分がなんとかしなきゃいけない」という思いを抱え続けていました。

当時の部下と自分では根本的に熱量が違うわけですから、部下に期待しても思うような手応えがない。やがて、部下にはほとんど期待しなくなっていました。

あの頃は、完全に負のスパイラルに陥っていたと思います。

そんな失敗続きの私が、なぜいまはｘＤｒｉｖｅトレーナーとして、経営者として、「質問」を活かしたマネジメントを行うことができているのか。

それは、ＰＤＣＡサイクルを「チームで回す」ことに挑戦する、多くのリーダーに出会えたからです。

仕事としてそのサポートをさせていただく中で、私自身のマネジメントも「質問で、部下のＰＤＣＡサイクルを精度高く回す」方向へ変化していきました。それまで指示することで動かしていた部下を、質問で思考のスイッチを入れ、自分で考えてもらうようにしました。すると部下のモチベーションがみるみる向上し、責任を持って業務に取り組んでくれるようになったのです。

私が変化したことで、部下はそれぞれ本来の力を発揮できるようになり、仕事に取り組む姿も活き活きと輝いています。このｘＤｒｉｖｅ、そして質問ＰＤＣＡの効果には、私自身、本当に驚かされました。

現在は、チームの全員が自走してくれているおかげで、
「部下がいてくれるって、こんなに心強いのか！」
ということを日々、実感し続けています。

チームのみんながいてくれたら、必ず目的・目標を達成できるという、大きな自信にもあふれています。

以前の私は、「上司が部下に相談するなんてありえない」と考え、何でも１人で

背負いこんでいました。ですがいまは素直に、部下に
「このことで悩んでいるんだけど、どうすればいいと思う？」

と相談を持ちかけられるようにもなりました。

部下の知恵を借りることで、いい意味で肩の荷を下ろすことができたのです。

しかも部下の知恵を借りれば、自分1人で考えるより、はるかにいいアイデアが生まれる。それは、会社の業績が伸び続けていることでも証明されています。


1人の力では、大した成果を出せない。

どんな部下でも、私より優れた部分がある。

これは、私の質問力が向上したことによって得られた気づきです。

自分1人でどれだけ頑張っても、出せる成果はたかが知れています。

けれども、一人ひとりの仲間が持つ特性を活かせば、最大級の成果を実現することができるのです。

おかげで仕事は何倍もラクに楽しくなったのですが、不思議なことに、責任感はこれまで以上に強く感じています。それはきっと、「こんなに部下が頑張ってくれ

ている。私も精いっぱい併走しよう」と思えるようになったからでしょう。

仕事の充実は、プライベートにも計り知れないほどのよい影響を与えています。

人生そのものの質が、格段に高くなったのを感じます。

この本を手に取ってくださったみなさんにも、ぜひ私と同じ体験をしていただきたいと思います。

最後に、私がｘＤｒｉｖｅトレーナーとして、また何より一緒に働く仲間のリーダーとして、もっとも大事にしている「心得」をご紹介したいと思います。

リーダーとしての心得

教えるのではなく「問う」

同じ事柄でも、人から指示されたことと自ら考えたことでは、
その後の行動の定着率は変わる。
継続した行動を引き出すためにも、
常に問いかけ、自ら考える機会を作り出すことが私の役割である。

「やらせる」のではなく「やりたい自分を引き出す」

人間は本来、外的な力で操られる駒のような存在ではなく、自分自身の行為の「源泉」でありたいという欲求を持っている。言われたことだけ、決められたようにする仕事ほどつまらなく、やりがいを感じられないものはない。

「自らやる」と決める状態を作り出すのが私の役割である。

失敗させないのではなく「成功への挑戦」を重視する

成功の反対は、失敗ではなく「何もしない」こと。

結果は行動からしか生まれない。

「失敗したくないから何もしない」という考え方では、成果は出ない。失敗しても、その結果からいま以上に成功確率を高める、次の一手を生み出すことが私たちにはできる。

その絶え間ない挑戦こそ、成果を生み出す秘訣である。

印象ではなく「事実」、決意以上に「行動」を見る

「うまくいっていると思います」「頑張っています」からは何も情報は得られない。現場で何が起こっているのか、具体的な事実をつかむことで改善策が生まれ、ノウハウが生まれる。

「実行します」という言葉ではなく、「実際の行動」ではじめて結果が生まれる。行動で変革を起こすことを、誰よりもサポートする。

一時的な成果ではなく「継続的に成果を生む力を磨く」ことを目的にする

何よりも重要なのは、「継続的に成果を創出する力を身につける」こと。瞬間的に業績を上げげたり、単月の成果を出したりすることではない。

そのために、メンバー一人ひとりが自ら考え、実行し、その結果を検証し、改善し続ける状態を作り出す。

上司が戦略を立案したり、実行させせたりしてはならない。

リーダーのみなさんがｘＤｒｉｖｅをぜひ自ら実践し、ご自身をはじめ、関わる

すべての方々の「ワーク（仕事）」と「ライフ（人生）」を輝かせることを、心より願っております。

また、本書では、便宜上「部下」、という言葉を使い続けましたが、いま一緒に働くみんなに対して思っているのは「仲間」だということ。この本は、これまで私と一緒に走ってくれた、信頼できる仲間がいたからこそ、つくり上げられました。

本当にありがとう。

そして、実は元部下、という私にとって「仲間」の一人であり、本書を企画から作り、本書冒頭（P2）のエピソードにて私に怒鳴られた当事者！　でもある、編集者の大司さん。共に「働くをもっとおもしろくする」ことに、真摯に向かい挑戦し続けるクライアントのみなさまへ最後に心から感謝をお伝えしたいと思います。

最後までお読みいただき、本当にありがとうございました。

荻野純子

特別付録

すぐ使える！
部下の成長4フェーズ別
「6×5基本の120質問」

xDrive
ルーキー向け6×5基本質問

 **ルーキー（新人）** いわゆる「新人」状態の意味 意欲はあるけど、スキルはない	確認型マネジメント 「やるべきことを実行し、スキルを高める」 機会を創り出すことが狙い

目的	私たちの事業の目的を知っていますか？ 事業の目的とあなたの役割はつながっていますか？ あなた自身が将来実現したいことはありますか？ あなたの行動は目的に対して効果的ですか？ 目的をいつも忘れないようにするにはどうしたらいいですか？
目標	あなたは目標をおっていますか？ 目標の期日はありますか？ 達成未達成が明確な目標になっていますか？ 目標に対して不安なことはありますか？ その目標を目指すことに合意しますか？
PLAN	目標を達成するために、やった方がいいと思う行動は何ですか？ ＡとＢならどちらが目標達成により効果的ですか？ 目標達成のために誰かの力を借りる必要はありますか？ 誰に何をどのように依頼しますか？ 何を、どのように、どのくらい、いつまでに実行しますか？
DO	実行する上での不安は何ですか？ 不安を取り除くには、どのような工夫が必要ですか？ 実行することで、あなたが得られるものはありますか？ もし、実行しなかったらマイナスな出来事はありますか？ 何が、あなたの実行を妨げましたか？
CHECK	目標と現在の実績は？ 現状を数値であらわすことはできますか？ 今、何が起こっているかは明確ですか？ 活かしていきたい成功事例はありますか？ うまくいっていること、苦戦していることは何ですか？
ACTION	残りの期間で目標を達成するために、何を追加し、何を継続しますか？ 効果的な行動はありましたか？ 行動を変えることで、不安なことはありますか？ 計画を修正するタイミングは決まっていますか？ 効果が出ていないことは何ですか？

xDrive
ウォーリー向け6×5基本質問

<table>
<tr><td>
ウォーリー（不安）
「心配・不安」な状態の意味。
スキルが成長途中のため、自信が
もちきれず意欲が下がっている</td><td>具体化マネジメント
理解していることを、もう一段具体化し
「自ら考える力」を高めるのが狙い</td></tr>
</table>

目的	私たちの事業の目的は何ですか？ あなたの役割と事業の目的はどんな風につながっていますか？ あなた自身が将来実現したいことはどんなことですか？ 目的から考えたら、どのように目標を達成しようと思いますか？ あなたのなりたい姿を実現するには、 　この仕事でどんな成果を出していたらいいと思いますか？
目標	あなたの今期の目標は何ですか？ 目標の期日はいつですか？ 目標を数値化するとどうなりますか？ 目標達成する上で、何を解決したいですか？ その目標を達成することで、あなたはどんな成長を手に入れられますか？
PLAN	どんなことをすれば、目標を達成できると思いますか？ 目標達成のためには何から手を付ければいいと思いますか？ 目標達成の為に誰の力を借りたら効果的ですか？ 力を借りるためにあなたがすることは何ですか？ 具体的にはどんな行動をしますか？
DO	この行動の目的と目標は何ですか？ 目的と目標を達成するためにはどんな行動の工夫が必要ですか？ あなたが行動できないとしたら、どんな時ですか？ あなたの行動を促進してくれるものはどんなものですか？ 実行しなかったことで、 　目標に対してどのようなマイナスの影響が出ましたか？
CHECK	目標に対して、現在のGAPは？ 現状を数値化すると、どうなりますか？ 今、どんなことが起こっていますか？ 今後に活かすとしたら、何を活かしますか？ 何があれば、あるいはどのようにしていれば 　うまくいっていたと思いますか？
ACTION	残りの期間で目標達成するために、どのようにプランを変更しますか？ 最も効果を発揮した行動はなんですか？ 行動を変えることで、どんなことが起こりそうですか？ 計画を修正するならいつ行いますか？ 目標達成のために、やめても影響のないことは何ですか？

xDrive
シーソー向け6×5基本質問

	シーソー（変動） 「変動する・揺れる」の意味。 スキルはあるが、 意欲が安定しない	自分ごと化マネジメント 自分の主体的な意思をもって 仕事に向かう姿勢を築くことが狙い

目的	私たちの事業の目的から考えていますか？ あなたの役割は事業の目的にとってどんな意味がありますか？ あなたが将来実現したい事と事業の目的は 　どんな風につながっていますか？ 目的から考えたら、あなたが達成する今期の目標は何ですか？ あなたの人生を輝かせるためには、この仕事を通じて何ができますか？
目標	その目標を達成したら、 　あなたやあなたのチームにどんなことが起きますか？ 目標の期日は適切ですか？ どんな状態になったら、目標達成と言えますか？ 目標を達成するために、あなたに必要なことは何ですか？ その目標を達成することは、事業の目的にどうつながっていますか？
PLAN	どのように目標を達成しますか？ 目標達成するために鍵を握る事柄は何ですか？ 目標達成するために、どのようなリソースが必要ですか？ リソースはどのように活用しますか？ 最初の一週間の具体的な行動計画は何ですか？
DO	その行動は、目的に対して効果的ですか？ 効率より効果を考えたら、どんな行動を選択しますか？ 結果を担保できる行動量になっていますか？ リスケジューリングの仕組みは入っていますか？ ハイパフォーマーであればどのように挽回しますか？
CHECK	今の目標達成の見通しは悲観的に見るとどのくらいで、 　楽観的に見るとどのくらいですか？ 現状は、具体的にはどんな状態ですか？ どんな事柄が課題になっていますか？ もう一度最初に戻れるとしたら、どんな行動をしますか？ 現状を生み出している事象と事象を生んでいる理由は？
ACTION	どんなプランに改善しますか？ さらに効果を発揮させるためには、何を強化しますか？ 行動を変えなければ、どんなことが起こりますか？ 最も効果的な計画修正のタイミングはいつですか？ 残りの期間で効果的に目標達成するためにやめることは何ですか？

xDrive
ハイパフォーマー向け6×5基本質問

 ハイパフォーマー （安定） 「安定」して成果を出せる人の意味。 スキルも意欲も高い	創造型マネジメント 仕事について「委任」し信頼をあらわす。 新たな視点を創造する狙い

目的	これで私たちの事業の目的は果たせますか？ 目的を実現する為のあなたの役割は？ あなたが将来実現したいことを実現するために、 　この事業でどんなことに挑戦しますか？ 目的はあなたに何をリクエストしていますか？ この事業を通じてあなたが実現したいことは何ですか？
目標	目的達成のために、どんな目標を持ったらよいですか？ 中長期の視点でとらえたとき、適切な目標の期日は？ 目標を達成した時、何が起こりますか？ 目標達成するために、目標があなたにリクエストしていることは何ですか？ さらに目的に近づくために、どんなことを目指したらいいと思いますか？
PLAN	目標を達成するためにはどんなストーリーが必要ですか？ 目的・目標に向かって順調かどうかは何によって判断しますか？ 目標達成の確立を高めるために必要なものは何ですか？ 必要なものはどのように手に入れますか？ 具体的にはどのように進めますか？
DO	実行の精度は何で測りますか？ 目的への効果性を考えたら、どんな行動になりますか？ 時間予算と生み出したい成果を考えたとき、 　どんな行動が最も効果的ですか？ 行動計画を妨げるものをどのように解決しますか？ 今後、必ず実行するためにはどのような仕組みが必要ですか？
CHECK	今の目標達成の見通しは？ 現状は、実現したい状態に対して、どんな状態ですか？ 中長期的な視点で見て、最も解決すべき事柄はどんなことですか？ 中長期的な視点で見て、延ばすべきチームの強みは何ですか？ 何が要因ですか？
ACTION	どのように挽回しますか？ 効果性を考えたら、何を止めて、何に時間を使いますか？ 変えることによるマイナスはどのようにカバーしますか？ 計画修正を妨げるものはどのように解除しますか？ 目標達成への効果と期限を考えると、改善の方向性はどうなりますか？

参考図書

『人を伸ばす力―内発と自律のすすめ』
エドワード・L. デシ／リチャード フラスト　新曜社（1999）
『20代で身につけたい　質問力』清宮 普美代　中経出版（2011）
『部下を持つ人のコーチング入門』伊藤 守　アスペクト（2012）
『これだけ！　PDCA』川原 慎也　すばる舎リンゲージ（2012）
『鬼速PDCA』冨田 和成　クロスメディアパブリッシング（2016）
『完訳　7つの習慣 人格主義の回復』スティーブン・R・コヴィー　キングベアー出版（1996）

著者プロフィール

荻野 純子（おぎの じゅんこ）
株式会社FCEトレーニング・カンパニー
代表取締役社長
xDrive エグゼクティブトレーナー

◆リーダー育成・PDCA 力向上・組織づくりを実現する『会議型コンサルティングxDrive(ドライブ)』を提供する株式会社FCEトレーニング・カンパニー代表。
経営者、リーダー職対象とした、実際の目標達成支援を実施。講師として過去3,000回近くの研修・トレーニング・セミナーを実施し、受講者数は50,000人を超える。導入企業のリピート率実績は90%以上。

営業・マネジメント・組織づくり・新人育成など100種類以上のオリジナルコンテンツ開発も手掛け、世界的ベストセラー『7つの習慣(R)』の研修ファシリテーター資格も持ちあわせる。

毎年昨対120%以上の成長実現、6カ月間での売上200%アップなど中長期で成果を出し続ける組織、チーム、人材育成を実現。

◆略歴
大学卒業後、物流サービス会社・大手人材会社にて、法人営業・キャリアコンサルタントとして、年間MVPを受賞するなど、活躍。

その後、一部上場経営コンサルティング会社に転職し、人財開発本部で採用研修業務に従事したのち、2010年株式会社FCEトレーニング・カンパニー立ち上げに合流。

過去、営業職、マネージャー職として、常に個人・チーム目標を達成し続けてきた、自らのPDCAノウハウやリーダーシップ、マネジメントスキルを元に、「働くを“もっと”おもしろくする」人材育成、組織づくりに関わるサービスを開発。

現在は株式会社FCEトレーニング・カンパニーの経営者として「中長期で成果を創出し続ける、リーダー育成・組織づくり」を手掛ける。

デザイン　川尻まなみ（株式会社コスミカ）
ＤＴＰ　三浦明子（株式会社コスミカ）
装丁　二井賢治郎（Standby Inc.）
編集協力　有限会社メディア・サーカス
古田尚子
編集　大司奈緒

x Drive
質問でPDCAは加速する

2019年7月14日　初版第一刷発行
2019年10月1日　第二刷発行

著　者　　荻野 純子
発行者　　石川 淳悦
発行所　　株式会社FCEパブリッシング
キングベアー出版
〒163-0810
東京都新宿区西新宿2-4-1 新宿NSビル10階
Tel：03-3264-7403
Url：http://fce-publishing.co.jp

印刷・製本　大日本印刷株式会社
ISBN 978-4-86394-083-3